행복 전도사 정영애 수상록

보통 사람들의 행복

돌출판 경남

행복의 의미는 그렇게 특별하거나 거창하지 않다.
남에게 비난받지 않는 삶. 가족, 친구, 직장동료 등과의 인간관계가
원만한 삶에서 행복감을 느낀다

평범한 일상에서 찾는 **행복의 의미**

책을 내면서

동장군의 기세가 등등했던 지난겨울. 멈출 수 없는 시간의 흐름 따라 얼었던 대지가 풀리면서 따스한 봄날이 우리 곁에 성큼 다가왔다. 봄꽃의 화려한 향연이 시작된 아름다운 계절을 맞아 상춘 인파의 물결이 거리마다 넘실댄다.

4년 전 나는 불혹을 훌쩍 넘긴 늦은 나이에 제비 따라 강남 간다고 주경야독하는 만학도의 고생길에 도전했다. 어느덧 2년이 4년 되고 그 4년이 다시 다른 도전으로 이어지게 되었다. 사람 욕심이 끝이 없다더니 공부욕심 또한 물욕과 다를 바 없는 것 같다.

일과 배움을 병행하는 틈틈이 생각의 짬을 내어 신문에 기고한 글들이 쌓이자 또 욕심이 발동했다. 짧은 지식에 글머리를 짜내다가 힘들면 멘토 선생님의 어드바이스를 구했다. 여적으로 메모한 단상들과 칼럼을 한데 묶어 수상록이란 이름으로 일을 저지르고 말았다. 앎의 갈증에 목마른 네게 새로운 지식세계의 길로 안내해 주신 멘토 선생님께 감사할 뿐이다. 부족함이 많은 글들을 예쁘게 단장해 주신 도서출판 경남의 오하룡 사장님을 비롯한 관계자 여러분께 감사드린다.

비록 사유의 통찰이 부족한 글들이지만 열린 마음으로 읽어 주시면 고맙겠다는 기대감으로 글머리에 갈음한다.

2018년 4월
정영애

| 차례 |

책을 내면서   7

01 행복학 특강

행복 방정식 풀기   14

남성과 여성의 행복지수   18

워라밸 신드롬   22

행복 전도사   26

행복학 특강   30

행복해지기 연습   33

보통 사람들의 행복   36

맞춤식 행복   38

행복 메시지   41

행복해지기   44

행복지수   48

로맨스를 키워 나가는 법   51

행복은 내 안에 있다   56

노인이 행복한 세상

노익장이 부럽다	64
노인 학대와 신 고려장	68
물질만능주의와 패륜범죄의 증가	71
백세 인생의 숙명	74
빈집이 늘어간다	78
아버지의 뒷모습은 쓸쓸하다	82
암보다 무서운 치매	85
일에 대한 편견	88
평생학습 왜 해야 하는가	92
은퇴남편 증후군	96
고령화 사회의 그늘	100
행복한 노후를 위하여	102

사랑의 시작과 끝

사랑이 싹틀 때	106
사랑의 세레나데	108
사랑의 기회	110
진정으로 사랑하라	112

행복한 사랑	114
열정과 조건	116
사람의 연령대별 상품가치	118
사랑 뒤에 오는 것들	122
스킨십	124
정 때문에	126
사랑과 미움 사이	128
사랑이 멀어져 갈 때	130
사랑 없는 삶	132
죽음 그리고 사랑	136
결혼 이혼 재혼	138
자유로운 사랑	140

여자의 길-어머니의 사랑

워킹 맘과 육아대책	144
국가적 재앙 저출산 문제	148
비혼 시대	151
아재파탈과 줌마렐라	155
여성 음주의 폐해	158
추석명절 소고	162

5월은 잔인한 달인가	166
평생교육과 인생학교	170
여자의 길-어머니의 사랑	174
오드리 명언	178
내 인생의 멘토	180

05 사람 사는 이야기

무술년 새해를 맞으며	184
근로시간 단축과 중소기업	188
기초지자체가 사라진다	191
고교평준화와 대입전형	194
넛지 효과에 주목하라	198
대졸 취업난과 고용 미스매치	201
디지로그 시대의 삶	204
마산의 눈물	207
빅 데이터를 주목하라	210
체감 경기	213
아베노믹스와 양적완화	216
소유의 시대에서 접속의 시대로	219
춘래불사춘	222

06

사색의 여울목

이상과 현실 사이	228
상처받은 영혼을 위하여	230
법정스님	232
삶과 죽음의 간격	236
남김없이 살아 버려라	238
삶과 죽음의 시간	242
늙은 어미의 배웅	244
비 오는 날의 랩소디	246
흐린 날 생각나는 것들	248
가을 단상	250
가을비 내리는 거리	252
11월을 보내면서	254
폭설 단상	256
마지막 강의	260

01

행 복 학 특 강

01

—
행복학 특강
—

행복 방정식 풀기

인간은 누구나 행복한 삶을 원한다. 정신적으로 육체적으로 건강한 가운데 물질적으로 크게 부족함이 없는 안정된 삶을 갈구한다. 자식들과 형제들이 속 썩이지 않고 우애 있게 잘 지내며 사회적으로 인정받는 지위에서 대접받고 살기를 희망한다. 제일 중요한 부부생활도 큰 마찰 없이 서로 이해하며 감싸주고 격려하면서 해로하는 삶. 과연 이런 정도의 균형 잡힌 삶을 누리는 사람이 얼마나 될까.

경제적으로 부족함이 없는데 자식들이 애를 먹이고 나이가 들면서 고질병이 생겨 불건강한 삶을 사는가 하면, 부부 사이가 원만하지 못해 남같이 지내는 사람도 있다. 요즘 흔하게 듣는 졸혼이나 부부 각방 쓰기, 부부 별거하기 등 안정되고 행복한 삶보다 고독한 노후를 보내는 사람들이 많은 것 같다.

행복은 매일 아침 무사히 눈뜨기를 원하는 욕망만큼이나 인간의 가장 기본적인 욕구이다. 이러한 인간의 기본적인 욕구가 충

| 보통 사람들의 행복 |

족되는 삶이 행복한 삶인 반면, 그것이 충족되지 못하면 불행하다고 생각한다.

대개 자신이 불행하다고 생각하는 것은 남과의 비교에서 비롯된다. 겉으로 보이는 타인의 삶에서 내가 부족하다고 느끼면 불행한 것이다. 내 친구는 외제차를 굴리며 폼나게 사는데 나는 그렇지 못하면 불행하다고 생각한다. 이것은 행복의 기본적인 감정 찾는 방법을 모르기 때문이다. 다다익선이라는 통념화된 선입견이 작용하기 때문에 생기는 열등감의 산물이다.

이처럼 우리는 엉뚱한 곳에서 행복을 찾아 헤매고 있다. 이는 인간의 초기상태 즉 태어났을 때가 행복이라는 것을 모르기 때문이다. 어린아이에게만 초기상태가 허락되는 것은 아니다. 이런 초기상태(행복)는 성인에게도 그대로 적용된다.

우리는 행복은 외부조건에서 찾아야 하는 것이라고 어릴 때부터 교육받아 왔다. 초기상태를 무시하고 자신을 둘러싼 여러 외부적인 조건의 충족에만 열을 올리며 남과 경쟁하는 법을 배운다. 교육을 통해서 전인격자를 양성하기보다 타인과 싸워서 이기는 기술만 가르쳐왔다고 해도 과언이 아니다. 성적에 따라 서열을 매기고 거기에 각종 보상이 뒤따르게 하여 초기상태로 있었던 행복의 실체를 깡그리 파괴시켜 버리기 때문에 불행해지는 것이다.

행복의 조건은 무엇일까. 우리 모두가 염원해 마지않는 성공과 출세는 행복의 필수적인 전제조건은 아니다. 다만 행복이 성공에 크게 도움은 준다. 자신이 선택한 삶에 긍정적인 효과를 주어 성공으로 가는 지름길을 제공하기 때문이다(다소 역설적이다). 남이 나를 인정해주든 말든 자기가 하고 싶은 일을 하는 사람은 그 일에서 행복감을 느낀다. 그런 만족감과 성취감이 낳은 결과는 사회적으로 성공한 삶이라고 인정받는다.

그럼 행복의 근원적인 문제로 돌아가 보자. 행복이란 무엇인가. 미국의 사상가이며 구글의 신사업개발 총책임자CBO인 모가댓Mogadat이 최근 발간한 《행복을 풀다solve for happy》에서 명쾌한 해답을 제시한다. 그는 이 책에서 인간은 애초부터 행복하게 살도록 설계되어 있다고 한다. 구글 X프로그램을 지휘하는 공학자인 저자는 인간의 초기상태는 행복인데 수시로 삶이 우리의 행복을 방해하기 때문에 모든 것을 초기상태로 되돌림으로써 원래의 행복모드를 회복시켜야 한다고 강조한다.

그는 '~때 나는 행복하다고 느낀다'는 문장을 완성해서 행복목록happy list을 만들라고 한다. 생각나는 대로 몇 가지가 되든지 종이에 적어 보는 것이다. 이 목록이 완성되면 우선순위를 정한다. 행복한 순간을 안겨주는 요인은 지극히 평범하고 누구에게나 가능한 것이며 그런 방향으로 삶을 움직이면 행복감을 느낀다는 것이다. 반면 자신의 바람과 기대에 어긋나면 불행하다고 느낀다. 중요한 것은 우리를 불행하게 만드는 것은 사건 자체가 아니라 그 사건에 대해 우리가 생각하는 태도에 따라 행복과 불행이 결정된다는 것이다.

여기에 그는 행복 방정식을 제시한다. 생각과 행복에서 생각이 사라지면 그 생각과 관련된 마음의 괴로움까지 사라진다. 즉 우리를 불행하게 만드는 것은 생각이지 사건 자체가 아니라는 것이다. 사건을 어떻게 바라보느냐가 중요하며 생각을 바꾸는 것만으로도 우리는 행복해질 수 있기 때문이다.

우리를 괴롭히는 육체적 고통은 시간이 지나 더 이상 필요 없게 되면 자연스럽게 사라지고 소멸된다. 반면 정신적 고통은 우리가 자초하는 무익한 고통이므로 심리적 고통을 스스로 불러오지 않는 길을 선택하라고 충고한다. 이제 그의 행복 방정식의 해법을 생각해 보자. 혼란스러운 생각의 혼돈상태에서 부정적인 생각의 심리적 상태가 오면 생각을 중단하고 탈출한다. 그러면 긍정적 생각의 행복상태가 되어 생각의 덫으로부터 탈피하는 환희의 상태인 행복에 이른다. 이처럼 행복에 이르는 과정은 생각과 태도의 변화에 따라 자신의 삶이 행복해지거나 불행해진다는 것을 알 수 있다.

01

행복학 특강

남성과 여성의 행복지수

행복지수는 영국의 심리학자 로스웰과 인생 상담사 코언이 만들어 2002년 발표한 행복공식이다. 행복은 인생관, 적응력, 유연성 등 개인적 특성 P(personal)와 건강, 돈, 인간관계 등 생존조건을 가리키는 E(existenc), 야망, 자존심, 기대, 유머 등 고차원 상태를 의미하는 H(higher order) 등 3가지 요소 중 생존조건인 E가 개인적 특성인 P보다 5배 더 중요하고, 고차원 상태인 H는 P보다 3배 더 중요하다고 판단하여 P+(5xE)+(3xH)로 공식화하였다.

2017년 UN이 발표한 행복지수 국가별 랭킹을 보면 한국은 조사대상 155개국 중 56위다. 세계 1위는 노르웨이, 2위 덴마크, 3위 아이슬란드 순이다. 행복지수는 그 나라의 GDP나 국력과는 상관성이 크지 않은 것으로 나타나고 있다. 우리나라는 중상위권으로 몇 년 전의 118위(190개국)에 비해 상당히 상승한 셈이다. 그러나 행복지수와 삶의 질은 차이가 있다. OECD 34개국 중 우리나라의 삶의 질 순위는 28위로 거의 꼴찌 수준이다. 한국의 행복지수나 삶의 질이 우리의 경제력(세계 15위권)에 비해 현저히 낮은 것은 압축 성장에 따른 급격한 사회변화와 빈부격차, 치열한 경쟁사회, 노후준비 부족에 따른 불안감 등에 기인된다고 볼 수 있다.

이처럼 팍팍한 한국인의 삶에서 남성과 여성이 느끼는 행복지수(행복감)가 어떤지 무척 궁금하다. 모 일간지가 한국의 남성과 여성의 행복지수를 조사한 내용을 보면 퍽 흥미롭다. 20대~50대까지 조사한 내용을 보면 남성의 경우 미혼남보다 기혼남이 나이가 들수록 행복감이 커지는 것으로 나타났다. 세대별로 행복한 남성의 특징은 20대는 유행, 자기관리, 연애이고, 30대는 결혼, 자녀, 결혼 만족도이며, 40대는 가정에서의 권위, 친구 동료로부터의 인정, 50대는 봉사와 나눔의 실천, 취미생활, 건강관리 등이었다. 특히 기혼남성이 전 세대에 걸쳐 행복지수가 높았으며, 자녀 유무의 경우 의외로 무자녀 기혼남성이 유자녀 남성보다 행복지수가 높았다. 이는 과다한 자녀 양육비 부담과 사교육비 증가가 그 원인이 아닌가 생각한다. 요즘 젊은 세대의 결혼기피 현상과 무관치 않아 보인다. 또 한 가지 흥미로운 현상은 남성은 결혼을 해도 썸을 탄다는 것이다. 남자는 결혼 전후에 상관없이 본능적 관심인 바람기가 줄어들지 않는다는 점이다. 남자의 동물적 본성이 나이에 상관없이 발동하는 것을 보면 종족보존을 위한 원초적 본능이 아닌가 싶다.

여성의 행복지수(행복감)는 어떨까. 20대는 자신을 위한 소비, 다이어트, 연애이고, 30대는 가사부담 경감, 친정 시가와 좋은 관계유지, 결혼생활 만족도, 40대는 직장동료로부터 인정, 원만한 가족관계, 자녀학업성적, 50대는 봉사와 나눔의 실천, 취미생활, 자신을 위한 소비였다. 기혼여성 대 미혼여성의 행복지수 변화를 보면 미혼여성은 20~30대까지 기혼여성보다 높다가 40대에 좀 떨어진 후 50대 이후부터는 급격히 높아졌다. 이는 여성이 남성에 비해 독립된 생활에 잘 적응해 만족한 삶을 살아간다는 것을 의미한다. 그러나 유자녀와 무자녀의 경우 남성과는 달리 여성은 자녀 의존적 경향을 보였다. 30대 중반까지는 무자녀의 행복지수가 높았으나 40대부터는 유자녀 여성의 행복지수가 월등히

높았다. 남성의 경우 나이들수록 아내 의존적 경향을 보이나 여성은 자녀 의존적이다. 요즘 황혼이혼 급증에 따른 탈 남성화 현상과 무관하지 않다고 본다. 여성들이 자녀를 다 키우고 나면 남편 뒷바라지를 끝내고 자기만의 인생을 즐겁게 보내고 싶다는 소위 '엄마의 청춘' 되살리기(?) 바람의 신풍속도라 할 수 있다. '여자가 혼자 살면 만고강산이고 남자가 혼자 살면 적막강산' 이라는 유머만 봐도 여성 중심으로 옮겨가는 시대상을 엿볼 수 있다. 이는 나이가 들수록 여성의 행복지수가 남성보다 높아진다는 것을 뜻한다. 한편 남녀 행복지수의 공통점은 20~30대엔 연애에 행복감을 느끼다가 50대 이후엔 취미생활과 건강관리, 봉사활동에서 행복감을 느낀다는 것을 알 수 있다. 특히 여성은 젊어서나 나이 들어서나 자기관리를 위한 소비(화장, 옷, 액세서리, 몸매관리)에서 행복감을 느끼고 있다. 이처럼 남성과 여성이 지향하는 행복지수는 공통점과 다른 점이 존재한다. 인간이 느끼는 행복감은 다른 사람과의 관계에서 비롯된다. 남녀 간에 상대적일 수밖에 없는 행복지수의 갭을 줄이는 것은 상대방에 대한 이해와 배려에서 출발한다.

칼 힐티는 그의 명저《행복론》에서 사람에게는 세 가지의 행복이 있다고 했다. 서로 그리워하고, 서로 마주보고, 서로 자기를 주는 것이라고 했다. 사람과 사람과의 관계가 중요하다는 뜻이다. 자연이 아무리 아름답고, 돈이 아무리 소중해도 궁극적으로 사람보다 더 소중하고 사랑스러운 것은 없다는 것이다. 우리 모두 행복지수의 공통분모를 찾아 가치 있는 삶을 영위하도록 노력해보자.

01

— 행복학 특강 —

워라밸 신드롬

현대인의 일상생활에서 일과 삶의 균형(워라밸work and life balance)을 유지하기란 말처럼 쉽지가 않다. 농경사회에서는 토지라는 생산기반에 씨를 뿌리고 가꾸어 수확한 농작물이나 가축을 길러서 자급자족으로 생업을 유지해 왔다. 작물을 재배할 시기에는 바쁘게 일했지만 휴경기(농한기)에는 몇 달간 쉬면서 건강도 돌보고 여유 있는 시간을 보내므로 어느 정도 일과 삶이 균형을 유지했다고 볼 수 있다. 그러나 복잡다단해진 현대인의 삶은 일의 연속선상에 놓여 있다. 봉급생활자는 주말에 쉬지만 자영업자는 그나마 남이 쉴 때 일해야 하니까 그럴 형편이 못 된다. 특히 맞벌이가 보편화하면서 워킹 맘working mom이 대세인 세상에 아무리 주말을 쉰다고 해도 또 다른 일인 가사노동으로 자신의 삶에 균형을 맞추기가 힘들다. 여성들은 휴일에도 미진한 집안일을 정리하고 자녀들의 뒷바라지에 신경을 쓰다보면 일과 삶의 균형은 깨지기 마련이다 요즘 워라밸work and life balance이라는 말이 젊은 세대의 큰 관심사로 떠오르고 있다. 내로라하는 괜찮은 직장을 그만두고 제주도나 경치 좋은 시골로 떠나는 30~40대 워라밸 지향자들이 늘어나고 있다. 직장생활로 어느 정도 축적한 재산을 처분하여 한적한 곳에 게스트 하우스를 지어 새로운 삶을 추구하는 사람들을 보면 돈보다 일과 삶의 균형유지를 더 소중하게 생각하는 것 같다. 비록 도회지에서 얻는 금전적 수입에 비해 턱없이 부족한 수입이지만 부부가 같이 일하며 마음의 여유를 가지고 사는 것에 더 만족을 느끼는 웰빙well being의 한 트렌드로 자리 잡아가는 것 같다.

치열한 경쟁 속에서 낙오되지 않기 위해 아등바등하다보면 왜 내가 이렇게 살아야 하는지 회의감에 빠져든다. 정년이 있기는 하지만 부침이 심한 기업의 경우 언제 정리해고의 회오리바람이 불지 모른다는 불안감 때문에 전전긍긍한다. 또한 외벌이로는 높은 도시생활비를 감당하기가 벅차 맞벌이를 하다 보니 육아문제가 제일 큰 걸림돌이다. 물론 남자에게도 육아 휴직제도가 있고 예전에 비해 남성의 가사분담이 늘었다고는 하지만 여전히 여성이 짊어진 가사와 육아의 짐은 남성보다 훨씬 무겁다. 직장생활에 쫓기다 보면 흔히 말하는 '저녁이 있는 삶'은 그림의 떡이다. 부부 한쪽이 야근을 하는 것은 다반사이고 아이들은 몇 개의 학원을 다니느라 저녁이 있는 균형 잡힌 삶은 언감생심이다.

이런 삶의 연속은 자칫 건강을 해치게 되고 종국에 가서는 가정의 평화와 안정마저 무너뜨리게 만든다. 요즘 TV나 신문지상에 자주 보도되는 탈도시화를 선택한 젊은 세대나 은퇴세대의 서울 엑소더스 사례를 보면 나름 괜찮아 보인다. 물론 큰 도시에서의 안락함이나 편리성은 떨어지겠지만 맑은 공기와 깨끗한 물, 따뜻한 햇볕 속에서 자연을 호흡하면서 사는 삶이 부럽기도 하다.

최근 나온 통계에서 OECD 38개국 중 한국의 워라밸은 36위로 꼴찌 수준이다. 그야말로 워크홀릭workaholic(일중독) 상태로 일 속에 파묻혀 살고 있다는 증거이다. 주당 평균 근무시간이 50시간인 근로자가 23.1%로 이 또한 OECD평균(13%)의 두 배나 된다. 그렇다고 많이 일한 만큼 소득이 늘어나는 것도 아니니 대도시에서의 삶은 팍팍하기 짝이 없다.

한편 디지털 시대를 맞아 우리의 삶은 온갖 기기 특히 스마트 폰에 중독된 삶을 살아가고 있다. 핸드폰과 한시도 떨어져서 살 수 없는 폰이라는 문명의 이기에 중독된 삶을 살아가고 있다. 특히 청소년들의 폰 중독증은 그 도를 넘어서서 정신과적 치료를 필요로 할 지경에까지 이르렀다. 어른들도 오십보백보다. 폰이 없는 삶은 상상조차 하기 힘들게 되었다. 따라서 이런 강박된 삶에서 벗어나 사람과 사람이 만나 대화로 소통하는 사람 냄새 나는 삶을 영위하고픈 사람들의 탈출구가 워라밸적인 삶이다.

그러기 위해서는 일과 삶이 균형점을 찾는 노력과 실천력이 뒤따라야만 한다. 탈도시화든, 귀농·귀촌이든 길어진 수명만큼 인간다운 삶을 오래도록 누릴 수 있는 워라밸의 제고를 위한 시도는 신선한 충격으로 다가온다. 장 자크 루소가 말했듯이 인간 본래의 모습으로 돌아가는 자연에의 회귀야말로 일과 삶이 균형을 유지하는 인간다운 삶이 아니겠는가.

| 보통 사람들의 행복 |

25

01

행복학 특강

행복 전도사

행복 전도사란 문자 그대로 행복이라는 명사와 전도사란 명사가 결합하여 '행복을 전파하는 사람' 정도로 정의하는 것이 맞을 것 같다. 행복이라는 단어의 의미가 워낙 주관적이고 추상적이기 때문에 달리 특별하게 정의하기가 쉽지 않다. 행복 전도사와 함께 '웃음 전도사'도 있다. 각박한 세상에 웃음을 전파해서 행복 바이러스를 퍼뜨리는 사람이다. 개그맨이 대표적인 웃음 전도사이다. 그들이 내건 슬로건은 '웃으면 복이 온다'는 웃음 행복 작용론이다. 텔레비전 토크쇼에 나오는 재치 입담꾼들도 일종의 행복 전도사들이다. 전국적인 규모의 행복 전도사와 웃음 전도사를 양성하는 사교육 기관단체가 많다. 일정교육시간을 이수하면 자체 인정 자격증을 준다. 그 자격증으로 각종 강연회에 불려 다니며 행복과 웃음을 전파하고 있다. TV의 연예오락프로는 대개 웃고 즐기는 내용으로 편성되어 있다. 여기에 출연하는 사람들도 광의의 행복 전도사라고 할 수 있다.

행복 전도사 하면 제일 먼저 떠오르는 사람이 고 최윤희 씨이다. 1947년생인 그녀는 이화여대 국문과를 졸업하고 37세 때까지 평범한 주부로 지냈다. 38살에 유명 광고회사 카피라이터로 입사해 근무하다 현대방송 부국장으로 재직했으며, 퇴사하여 프리랜서 방송인이 되었다. KBS1 '아침 마당', 케이블TV 스토리온 '박철 쇼'에 고정 출연하여 행복 전도사로 명성을 날렸다. 방송 틈틈이 시청자들의 인기를 등에 업고 《행복 멘토 최윤희 희망 수업》《마음을 노나 주는 유쾌한 인생사전》 등 26권의 행복 관련 책을 출간하며 왕성한 활동을 했다. 그러나 2010년 10월 53세의 한창 나이에 남편과 함께 동반 자살함으로써 시청자들에게 큰 충격을 안겨 주었다. 전신성 홍반성 루푸스라는 난치성 희귀질병과의 싸움을 이기지 못하고 스스로 생을 마감한 것이다. 아무도 그녀가 그런 질병을 앓고 있는지 몰랐기에 그녀의 죽음이 더 쇼킹했는지도 모른다. 세균성 폐렴까지 겹쳐 각종 신체적 통증과 싸우다가 우울증에 걸려 최악의 선택을 한 것으로 알려졌다. 그녀가 펴낸 26종의 책 제목에서 등장하는 희망, 행복, 웃음과는 너무나 거리가 먼 일이 발생했기에 시청자들의 가슴을 아프게 했다. 얼마나 신체적 고통이 컸으면 사람들에게 행복이라는 복음을 전하는 사람이 그런 선택을 했을까. 그녀의 부음을 접한 어느 시청자는 행복 전도사가 자살이라니 믿기지 않는다며 그녀가 던진 행복 메시지가 행복하지 않았다고 표현한 것인지 행복을 실현한 것인지 모를 일이라고 했다.

또 한 분 웃음 전도사 고 황수관 박사가 있다. 그는 1945년생으로 2012년 12월 67세의 정정한 나이에 급성 패혈증으로 사망했다. 금년 6월 16일 세상을 떠난 배우 윤소정 씨 역시 이 병으로 세상을 떠났다. 우리들에게 항상 밝은 웃음으로 유쾌, 상쾌, 통쾌한 유머를 전달한 황 박사는 국민대에서 이학박사 학위를 취득한 후 연세대 의대에서 생리학 교수로 재직했다. 100여 편의 운동 및 건강 관련 논문을 발표했으며 《황수관 박사 신바람 건강법》 등 6권의 저서를 남겼다. 각종 단체의 고문 홍보대사를 역임하며 KBS, SBS에 고정 출연해 웃음을 선사했던 그분도 인간의 신체를 좀먹는 병마와의 싸움에서는 지고 말

| 보통 사람들의 행복 |

았다. 그는 심신상관이론에 근거해 '좋은 일이 있어야 웃는 것이 아니라, 웃으면 좋은 일이 생긴다.'고 웃음을 강조했다. 억지로라도 웃으면 몸에 엔돌핀이 많이 분비되어 건강해지고 행복감을 느낀다고 했다.

이 밖에 요즘 TV토크쇼에 자주 등장해 웃음을 선사하거나 긍정적인 마인드를 갖는 방법을 전하는 분들도 많다. 스타 강사 김미경 씨, 역사 강사 설민석 씨, 김경동 목사를 비롯한 많은 강사들이 TV토크쇼나 강연회에 출연해서 행복한 삶, 가치 있는 인생의 방향을 제시하며 시청자들을 울고 웃게 한다. 이런 분들은 특유의 입담과 재치 넘치는 유머와 위트로 시청자들과 방청객들을 사로잡지만, 정작 자신들은 행복한 삶을 살고 있는지 알 수 없는 일이다. 앞서 언급한 두 분 행복 전도사와 웃음 전도사처럼 절망에 빠진 사람들에게 행복과 웃음의 메시지를 전달했지만 정작 자신들은 병마와 싸우는 고통스런 삶을 살았다는 것은 우리 인생의 아이러니가 아닐 수 없다.

사람은 누구나 행복해지기를 바라지만 운명의 신은 호락호락 그 소원을 들어 주지 않는다. 그것이 업보이든 지은 죄의 대가이든 행복의 문은 자신에게 주어진 운명의 한계 내에서 자기 스스로 어떻게 행복을 느끼며 사느냐에 따라 열리기 마련이다. 자신이 행복해지려면 생각과 선택, 즉 이성적 사고와 직관적 사고가 조화를 이루어 같아지는 노력을 기울일 때 행복해질 가능성이 높다는 것은 자명하다.

01

—
행복학 특강
—

행복학 특강

마이클 샌델 교수의 '정의'는 하버드대학교의 명강의로 수년간 선풍적인 인기를 모았다. 그의 강의는 한국에서도 가히 '샌델 신드롬'을 불러일으킬 정도로 큰 반향을 불러왔다. 지금도 그의 저서 《정의란 무엇인가》는 스테디셀러로 꾸준히 독자의 사랑을 받고 있다. 이처럼 정의에 목말라했던 청춘들은 미국이나 한국이나 전 세계가 마찬가지였던 것 같다. 사람들은 한 시대의 흐름 속에서 절절한 욕망의 충족을 누군가가 대신 말해줌으로써 대리만족감을 느낀다.

최근 샌델의 '정의'에 못지않게 하버드 대학교의 탈벤 샤하르 교수의 '긍정심리학'(일명 행복학) 강의를 책으로 펴낸 《해피어happier(행복한 사람)》가 20여 개국에서 번역 출간되어 행복학 열풍을 불러일으키고 있다. 그는 자신이 경험으로 터득한 행복학 강의에서 '진정한 행복이란 무엇인가'라는 화두를 던진다. 행복에 대한 우리의 잘못된 생각을 적시하며 '진정한 행복이란 먼 곳에 있는 것이 아니라 생각보다 가까운 곳에 있다.'고 역설한다. 그는 가장 자랑할 만한 사회경제적 위치에서 남이 부러워할 만한 성과를 올렸지만, 지난 30여 년간 한 번도 행복하지 않았다고 고백한다.

우리는 일상의 삶에서 뭔가 부족한 듯 채워지지 않은 공허감을 항상 느끼며 살아간다. 경제적으로나 사회적 지위로 볼 때 그는 완벽에 가까운 삶을 사는 것 같지만 막상 그 내면을 들여다보면 의외로 행복하지 않다는 사람들이 많다.

우리가 불행할 수밖에 없는 것은 일과 인간관계, 가정사 등에서 오는 스트레스와 부정적인 감정에 억눌려 숨죽이는 삶을 살아가고 있기 때문이다. 괜히 일어나지 않을 일들과 소소한 일상에 대한 비관주의에 사로잡혀 살면서 한편으로는 행복을 갈망한다. 이는 생각과 행동의 괴리현상으로 행복을 꿈꾸지만 실제로는 행복을 찾거나 추구하지 않고 자기 모순에 빠져 사는 삶을 반복한다. 일종의 비관주의적 매너리즘에서 헤어나지 못하는 삶의 패턴을 유지하고 있는 것이다.

중국의 베스트셀러 작가 장샤오헝은 샤하르 교수의 행복학 강의를 바탕으로 진정한 행복의 의미를 이렇게 풀어나간다. 그는 행복해지기 15강의 마지막 15강에서 '진정한 행복은 고난과 좌절을 이겨낸 것이다. 지금 행복하지 않다고 해서 실망하거나 포기하지 말고 행복을 찾고 발굴하라. 그 편이 훨씬 많은 것을 얻을 수 있다.'고 했다. 행복은 적극적으로 찾고 갈구하는 자의 것이니 두드리면 그 문이 열릴 것이라고 했다. 내 가까이 있는 사소한 것에서 느끼는 소소한 재미나 즐거움을 행복이라는 의미로 수용해야 한다는 것이다. 계절이 바뀌는 자연의 모습, 자식들이 건강하게 잘 자라고, 내 짝지가 내 곁을 지키며 떠나지 않고 있는 지극히 평범한 일상에서 행복의 의미를 찾아야 한다고 했다. 자신에게 주어진 삶의 여유를 즐길 생각은 하지 않고 공연히 비관주의적인 생각을 하면 삶 자체가 시들해진다. 사람과의 관계마저 스스로 끊고 고독의 성에 갇혀서 행복이라는 개념조차 잊어버린 채 소중한 시간들을 허비한다.

| 보통 사람들의 행복 |

숨 막히듯 치열한 삶 속에서 쌓인 묵은 먼지를 털어내고 내가 진정으로 하고 싶은 일을 찾아 새롭게 시작하려는 욕망을 가져야 한다. '그거하모 뭐하노, 그거하모 돈 생기냐, 행복해지냐' 하는 허무감에 빠져 행복해지기 위해 행동으로 옮기려는 의지의 싹을 부정적인 생각으로 싹둑 잘라 버리기 일쑤다. 사람은 누구나 완전하지 않다. 불완전하기 때문에 실수를 거듭한다. 불완전한 나를 받아들이는 순간부터 완벽한 세상이 열린다. 부정의 심리는 긍정의 심리가 발동하면 맥을 못 춘다. 현대인은 물질적 풍요 속에 살면서도 상대적 빈곤감으로 배고파한다. 온갖 화려한 신상품으로 넘쳐나는 백화점의 쇼윈도를 아이쇼핑하면서 얄팍한 내 지갑을 원망하며 불행하다는 생각을 한다. 그 빛나고 화려한 물건이 없어도 그런대로 불편 없이 살 수 있는데도 남과 비교하는 순간 불행해진다.

고대 로마의 격언에 '재물은 소금물 같아서 마시면 마실수록 더욱 목마르다.'고 했다. 자족할 줄 모르는 사람은 영원히 빈곤하다는 뜻이다. 부유함은 결코 돈으로 가늠할 수가 없다. 가난함도 부유함도 모두 마음먹기에 달렸다. 참으로 쉽게 들리는 말이지만 그렇게 생각하고 행동하지 못하는 데서 행복과 불행이 갈린다.

우리 국민성의 특징인 '빨리 빨리 문화'는 예전부터 그랬던 게 아니다. 근대화 이후 열강의 침탈과 지배층의 수탈로 헐벗고 굶주렸던 민초들의 삶에서 생긴 조급증이다. 크게 잘 살지는 못해도 노력한 만큼의 결실을 거두는 세상이 되었다. 비록 빈부격차(자본주의의 모순)는 있을지라도 평균적인 삶의 질은 향상되었다. 이제 한 템포 느린 걸음으로 삶의 여유를 찾아야 할 때가 되었다. 무조건 바쁘게 사는 사람은 과정의 즐거움보다 결과에만 집착한다. 거기에 문제가 있다. 더 멀리 가기 위해 정신도 육체도 휴식을 주어 내 영혼이 함께 걸어갈 수 있도록 느리게 더 느리게 걸어보자.

행복학 특강

01

행복해지기 연습

　새해 첫날이 엊그제 같은데 어느새 4분의 1이 훌쩍 지나가 버렸다. 얼었던 땅이 풀리면서 새 움을 틔운 나뭇가지에 만개한 봄꽃의 향연 속에 4월의 한복판으로 쏜살같이 달려간다. 봄은 행복해지기의 희망이자 부활의 손짓이다. 어떻게 사는 것이 행복한 삶일까. 1962년 구소련 반체제 작가인 솔제니친이 발표한 〈이반 데니소비치의 하루〉는 자신이 10년간 강제 수용소에서 보낸 생활 중 단 하루만을 그린 자전적 소설이다. 오늘 안에서 행복을 찾아보라는 메시지가 담겨 있는 그의 말은 하루하루를 충실하게 삶으로써 다가올 미래가 행복할 것임을 적시한다. 주어진 24시간을 자기 스스로 지배하는 삶이 행복한 삶이라는 것이다.

　사람의 마음이 조변석개朝變夕改이듯이 행복도 기준이나 원칙이 따로 있는 게 아니다. 행복과 불행은 개개인의 주관적 판단에 달려 있기 때문이다. 남의 눈에 비치는 행복이 정작 자신들에게는 고통일 수도 있다. 희망이라고는 털끝만큼도 보이지 않는 집단수

| 보통 사람들의 행복 |

용소에서 희망의 불씨를 지필 수 있는 것이 인생이다. '절망의 끝은 죽음'이라고 생각하는 사람이 있는가 하면, '절망의 끝은 희망의 시작'이라고 생각하는 사람이 있다. 전자는 삶을 부정적인 시각으로 보는 사람이고, 후자는 삶을 긍정적인 시각으로 보는 사람이다. '행복은 성적순이 아니잖아요'라고 한 귀여운 악동의 말처럼 행복은 자기만족의 품에서 둥지를 튼다. 내가 만족하면 그게 바로 행복이다.

행복해지기 위해서는 자기 나름의 실천적 방법론이 동원되어야 한다. 욕망의 충족을 끝없이 추구하는 사람이 있는가 하면, 반대로 마음을 비워 욕망의 짐을 덜어내고 안분지족의 삶을 찾는 사람이 있다. 전자는 대부분 일시적인 행복의 충동적 추구방식이다. 욕망은 새로운 자극으로 더 큰 욕망을 불러일으킨다. 소위 욕망체증의 법칙이 작용하는 것이다. 법정 스님은 《산에는 꽃 피네》에서 가치 있는 삶이란 욕망을 충족시키는 행위가 아니라 의미를 채우는 삶이라고 했다. 날마다 새롭게 피어나는 꽃처럼 그렇게 살 수 있어야 한다고 강조했다.

한편 우리가 현실적인 삶에서 마음을 비우며 산다는 것은 말처럼 쉬운 게 아니다. 일상의 삶 속에서 필요한 물질을 획득하고 소모하는 것 자체가 삶이기 때문에 욕심을 비운다는 것은 참으로 어렵다. 더욱이 현실적인 문제가 앞길을 가로막고 있으면 속수무책 막막해진다. 설상가상이라고 악운은 항상 겹쳐서 다가온다. 그리고 절망감에 빠져든다. 그 증상이 도를 넘으면 최악의 경우 죽음을 생각한다. 자존심의 상처는 자기정체성의 위기감을 불러오고, 급기야 일을 저지르게 된다.

불행히도 우리나라는 OECD 가운데 자살률 1위라는 부끄러운 타이틀을 갖고 있다. 자살의 직접적인 원인은 바로 자신을 지탱해온 자존심의 상실이 우울증이라는 괴물에게 발목을 잡힌 결과이다. 어렵겠지만 욕망의 눈높이를 조금씩 낮추면서 마음 비우기 연습을 반복해 보는 거다. 연습이 습관화되면 생을 포기하는 극단적인 행동을 막아 주는 예방주사를 맞는 것과 같은 효과를 보게 될 것이다.

그러나 뭐니 뭐니 해도 행복해지기의 시작은 사랑과 감사하는 생활태도와 마음 가짐이 아닐까. 사랑=행복이란 보편적 등식은 성립한다. 사랑에는 남녀노소, 지위고하, 직업의 귀천, 가진 자와 그렇지 못한 자를 관통하는 위대한 마력이 작용한다. '레터스 투 줄리엣'이라는 영화에서 보듯이 70대 후반에 50년의 세월을 뛰어넘어 첫사랑과 재회하여 행복을 찾은 삶도 있다. 사랑은 결코 포기하는 것이 아니라 찾아서 이루어야 하는 것이며 행복으로 가는 지름길이다.

이처럼 행복은 자신에게 주어진 하루하루의 삶에 감사하면서 행복해지기를 연습하며 습관화하는 가운데 우리의 삶 속에 스멀스멀 스며든다. 씽크think와 땡크thank는 어원이 같다고 한다. 생각과 감사라는 말뜻이 같다는 것은 바로 '행복은 감사의 비밀'이라는 것을 알 수 있다. 감사하는 마음의 마력은 그것이 행복으로 부메랑이 되어 자신에게 되돌아온다는 점이다. 행복해지기는 마음먹기에 달렸다고 해도 과언이 아니다. 자신에게 점지된 삶에 만족하는 것이 진정, 행복한 삶이라고 할 수 있다. '상처받은 영혼이 아름답다'고 했다. 살다보면 인간관계에서 상처 주고 상처받는 것이 다반사이다. 불행은 항상 내가 준 상처는 생각하지 않고 내가 받은 상처만 생각하기 때문에 생긴다. 상처받은 영혼이 아름다운 것은 그 상처를 딛고 일어서서 더 굳센 삶을 살 수 있기 때문이다. 감사와 사랑으로 행복해지기를 연습하며 습관화할 때 행운의 여신은 내 편이 되어 줄 것이다. 우리 모두 행복해지자. 파이팅!

01

행복학 특강

보통 사람들의 행복

　중국 사람들은 "행복은 불행에 의지하고 불행은 행복 안에 있다."고 말한다. 일본 사람들은 "좋은 것이 오면 반드시 나쁜 것이 따라온다." 말한다. 한국 사람들은 좀 유식하게 사자성어로 말한다. "호사다마好事多魔"라고. 다 같은 의미의 말로서 유교 영향을 받은 동양인의 중용적 사고방식과 생활철학이 담긴 말이다.

　동양인의 행복에 대한 이해는 개인의 만족에 초점을 맞추는 서구인들의 행복관과는 다르다. 개인보다는 가족이나 친구, 직장동료 등과의 인간관계에서 행복한 삶을 추구하려고 한다. 그래서 혈연, 지연, 학연 같은 인간관계를 중시하고 그런 관계 속에서 소외될 때 몹시 불안감을 느낀다. 가족의존적, 조직의존적 유대감을 중요시하기 때문에 가능한 자신이 소속된 집단의 울타리 안에서 중용적 자세를 견지하려 애쓴다. 늘 자신이 소속된 조직 속에서 인정받는 존재가 되어야 한다는 강박관념에 시달리기 때문에 겪는 갈등이 심하다. 타인의 평판에 예민하여 자신에 대한 비난이나 무시당한 것에 대한 반발심이 강하다. 술자리 같은 곳에서 흔히 일어나는 소소한 다툼만 봐도 쉽게 알 수 있다. 평소 조직생활에서 느낀 불만을 술의 힘을 빌려 털어 놓고 언쟁을 벌인다. 심지어 우발적인 살인사건까지 발생하는 경우가 있다. 이는 인간관계의 부조화로 인한 스트레스가 의식 속에 잠재되어 있다가 폭발한 것이다.

서구인들의 경우는 좀 다르다. 그들은 개인주의적 사고에 의해 합리적으로 행동한다. 차별당하거나 무시당했다고 느끼면 바로 당당하게 따진다. 서양에서 신사들의 정당한 자기주장이나 의사표시의 수단으로 결투가 관습화된 시대가 있었다. 이는 합리적 사고가 정형화된 서구인들의 보편적 사고에 기인한다. 그러나 한국 등 동양인들은 인간관계에서 차별적 모욕이나 무시당했다는 느낌이 있어도 외부로 잘 나타내지 않는다. 그래서 술자리 문화, 회식문화가 동양권에서 잘 발달되어 있다. 그런 자리를 통해서 자신이 느낀 소외감 같은 것을 털어놓고 상대방의 의중을 떠 본다. 물론 당사자가 몰랐던 경우도 있고 의식적으로 그런 경우도 있기 때문에 서로 응어리진 감정을 풀기도 한다.

여기에 우리는 보통 사람이 느끼는 행복의 의미가 그렇게 특별하거나 거창하지 않다는 것을 알 수 있다. 남에게 비난받지 않는 삶. 비록 크게 주목받지 못하는 삶이지만 가족, 친구, 직장동료 등과의 인간관계가 원만한 삶에서 행복감을 느낀다는 것이다. 시대가 많이 변해서 각종 영상매체나 통신수단에 의해 자기과시가 곧 자신의 우월성을 인정받는 것으로 인식되고는 있지만, 개인의 삶 저변에는 그것은 어쩌면 일시적 현상일 뿐일지도 모른다. 가족이나 친구, 동료 등과의 원만한 인간관계 속에서 보다 내밀한 삶의 만족감을 느낀다는 것을 여러 통계조사에서 볼 수 있다.

인간이 비범한 삶보다 평범한 삶을 선호하는 것은 그 비범함이 최소한의 삶의 기준인 평범함을 깨뜨리는 요소로 작용하기 때문이다. 평범한 삶에서 느끼는 인간관계의 만족감이 보통 사람의 행복이 아닐까? 비범함의 결말이 너무 비참하다는 것을 느끼게 하는 현대인의 삶이니까.

01

행복학 특강

맞춤식 행복

슬로베니아 류블라나대학의 심리학 교수인 안드레야 다브섹은 행복 찾기의 불균형을 이렇게 질문으로 일갈한다. "쌍둥이도 서로 다른 방식으로 행복을 찾는다는데 왜 자신을 위한 행복의 방법이 친구나 이웃, 동료와 똑같아야 한다고 생각하는가?"

이는 인생의 두 가지 기본방향인 자기를 향한 것과 다른 사람을 향한 것에 균형을 유지해야 한다는 것을 의미한다. 사람은 각자 타고난 유전적 인자에 의해 다른 성격과 행동양태를 보인다. 대개 남자들은 외향적이고 공격적이며, 여자들은 내성적이고 방어적이다. 그러나 꼭 그렇지는 않다. 요즘처럼 여성의 권위가 신장된 현대사회에서는 남성과 여성의 기질과 행동에 대한 개념과 정의가 점차 모호해져가고 있다. 이처럼 사람은 저마다 타고난 기질(그것이 선천적이든 후천적으로 형성된 것이든)과 특징을 인식하고 어떻게 사는 것이 자신의 행복추구를 위해 현명한 길인가를 결정해야 한다.

사람은 각자 추구하는 행복의 방식이 다르다. 오직 부의 축적에 삶(행복)의 목표를 두는가 하면, 돈보다 명예를 더 중시하는 사람도 있다. 남을 위해 봉사하고 헌신하는 이타적인 삶에 인생의 목표를 두는 사람도 있다. 이는 그 사람이 갖고 있는 삶의 철학과 가치관이 다르기 때문이다. 물론 자본주의 시대에 살고 있는 우리들에게 인간다운 삶을 유지할 수 있는 최소한의 경제적인 조건은 구비해야 한다. 그것은 정상적인 생활유지를 위한 필요조건이기 때문이다.

그러나 물신지향적 배금주의로 경도된 사회에서는 삶에 대한 균형감각을 잃게 만든다. 겉으로 보이는 물질적 풍요가 인간의 현실적인 삶에서 갈등을 일으키는 요인이 된다. 타인의 삶과 자신의 삶을 질이 아닌 양으로 비교하기 때문에 생기는 심리적 불안감의 표출이다. 사람은 각자 신체조건에 따라 자신의 몸에 맞는 옷을 입어야 하듯이, 삶의 양식과 행복추구의 방법도 자기 몸에 맞게 균형을 유지해야 한다.

복에 없는 관을 쓰면 머리가 깨진다는 경구가 있다. 양복에 갓을 쓴 모양새 또한 어울리지 않는다. 이는 균형을 잃은 삶을 의미한다. 각자 주어진 자신의 기질적 특징과 자신에게 주어진 삶의 전제조건을 따져보고 인식하는 가운데

| 보통 사람들의 행복 |

행복의 길을 찾아가야 후회 없는 인생을 살아갈 수 있다.

여기에 나는 맞춤식 행복을 제안한다. 요즘은 거의 기성복을 입지만 옛날엔 양복점에 가서 자기 몸의 치수를 일일이 재어보고 난 후, 시침질을 하고 다시 치수를 재조정하여 맞춰 입었다. 그래서 다들 자기 몸에 잘 맞는 옷을 입었다.

그러나 자동화된 스피드 시대를 맞아 기성복을 입다보니 옷 모양새나 치수, 색깔 등이 균형을 잃은 것이 많다. 아무리 소비자들의 취향에 맞춰 다양한 치수와 스타일의 옷들을 만들어 내지만, 평균적 수치로 재단된 것이기 때문에 어딘지 모르게 허술하고 빈틈이 있기 마련이다.

이처럼 우리의 삶도 자기 자신의 타고난 기질과 특징, 주어진 환경적 조건 등을 고려한 가운데 행복의 길을 찾아가며 살아야 한다. 남이 가는 장에 따라가듯 정체성 없이 사는 삶의 여정은 고단하기만 하다. 뱁새가 황새 걸음 따라가다가는 가랑이가 찢어진다는 말이 있듯이, 분수에 맞는 맞춤식 행복으로 살아갈 때 즐겁고 만족스런 삶을 영위할 수 있게 될 것이다.

균형감각을 잃은 남 따라가기 식 행복추구는 결국 삶에 대한 불만족과 사회적 갈등만 야기할 뿐이다. 내 몸에 꼭 맞는 맞춤식 행복으로 안빈낙도의 삶을 누리자.

행복학 특강

01

행복 메시지

행복은 줄수록 커지고 나눌수록 는다

안녕하세요. 행복 전도사 정영애입니다. 제가 오늘 말씀 드릴 주제는 '행복은 줄수록 커지고 나눌수록 는다'는 것입니다.

인간은 누구나 행복해지기를 간절히 소망합니다. 이는 인생의 궁극적인 목표가 행복한 삶을 누리기를 원하기 때문입니다. 그러나 이 세상 모든 사람들이 원하는 행복은 아이러니컬하게도 공평하게 다가오지 않는다는 것입니다. 절실히 필요한 사람에게는 인색하고, 행복을 주체하기 힘들 정도로 겨운 사람에게 넘친다는 것입니다.

물론 행복이 영원하지 않다는 것도 잘 알고 있습니다. '행복의 끝은 불행의 시작이고 불행의 끝은 행복의 시작'이라는 말이 있듯이, 행복과 불행의 사이클은 시간과 공간을 넘나들며 인간의 삶에 기쁨과 슬픔을 안겨 줍니다.

희로애락이 반복되는 가운데 일희일비하는 것이 우리네 인생사입니다. 따라서 행복에 너무 자만할 필요도 없고, 불행에 너무

| 보통 사람들의 행복 |

가슴 아파할 필요가 없다는 것입니다. 돌고 도는 것이 인생이라고 했듯이 행복은 우리의 삶 속에서 숨바꼭질을 하며 나타났다 사라지기를 반복하니까요.

여러분! 지금 우리는 유사 이래 미증유의 풍요로운 물질문명을 만끽하면서 살아가고 있습니다. 돈만 있으면 뭐든지 원하는 것을 소유할 수 있는 물질만능의 시대가 되었습니다. 행복도 돈으로 살 수 있을 것 같은 착각 속에 빠져 있습니다. 겉으로 보기엔 참 행복한 시대에 살고 있는 것처럼 보입니다. 그러나 눈에 보이는 것과는 달리 절대빈곤의 시대를 넘기면 마냥 행복할 것 같았던 우리는 상대적 빈곤감으로, 세대 간 계층 간에 심각한 갈등을 느끼며 행복하지 못한 삶을 살아가고 있습니다.

가진 자는 현재의 위치에서 추락할까 전전긍긍하고, 갖지 못한 자는 자신을 가로막고 있는 암흑 같은 절벽 앞에서 좌절하고 절망합니다. 이것은 우리 국민의 행복도가 OECD 34개국 중 꼴찌 앞인 33위인 것만 봐도 잘 알 수 있습니다. 참으로 부끄러운 현실입니다. 우리 국민의 7%만이 행복하다고 설문에 응답했다는 것은 세계 13위의 경제강국인 한국의 위상과는 너무나 먼 거리감을 느낍니다.

여러분! 여러분은 주는 것과 받는 것 어느 쪽이 더 행복하다고 생각하십니까? 언뜻 생각하기엔 받는 것이 더 행복할 것 같은데 실제로 많은 사람들을 대상으로 설문조사한 바에 의하면, 사회에 공헌하고 봉사하는 삶이 자신에게 돌아오는 물질적 이익은 적지만 더 큰 보람과 행복감을 느낀다고 합니다.

이는 물질적으로 좀 손해를 보더라도 다른 사람을 위해 이바지하는 이타심의 발휘가 자기만을 생각하는 이기심보다 더 큰 삶의 존재가치와 행복감을 느낀다는 것을 의미합니다. 결국 물질적인 풍요가 행복의 필요조건은 될지언정 충분조건은 되지 못한다는 것을 뜻합니다. 행복은 개인적인 보상에 그렇게 큰 영향을 받지 않으며, 행복한 사람이라고 해서 더 관대한 것이 아니라, 관대한 사람 즉, 베푸는 사람이 더 행복감을 느낀다는 것입니다.

이처럼 물질적으로 다소 손실이 있더라도 남을 위해 헌신하고 봉사하는 것이 자신의 이익만을 추구하는 것보다 더 큰 행복감을 느낀다는 것을 알 수 있습니다. 사람과 사람의 좋은 관계 속에서 갖는 나눔의 행복이 진정한 의미의 행복이 아닐까요?

이것으로 저의 행복 강연을 마치겠습니다. 여러분, 끝까지 경청해 주서서 감사합니다.

01

—
행복학 특강
—

행복해지기

이 세상에 행복해지기를 원하지 않는 사람이 있을까? 우리는 모두 다 행복해지기를 간절히 바란다. 그러나 막상 '당신은 지금의 삶에 만족하고 행복합니까?'라고 물으면 선뜻 그렇다고 대답할 사람은 생각보다 많지 않을 것이다. 그것은 행복의 의미가 매우 추상적이고 주관적이기 때문이다.

다른 사람이 겉으로 보기엔 무척 행복해 보이는데 본인은 전혀 행복하지 않다고 말한다. 반대로 사는 모양새가 그저 그래 보이는 데도 참 행복하다고 말하는 것을 보면 겉으로 보이는 행복과 느끼는 행복 사이에는 거리감이 있음을 알 수 있다.

사람들은 원한다. 가난한 사람은 부자가 되길 바라고, 몸이 성치 않는 사람은 건강해지기를 원한다. 자식이 없는 사람은 자식을 갖게 되길 바라고, 이름을 남기고 싶은 사람은 권력과 명예를 얻기를 원한다. 한 가지를 얻고 나면 또 다른 것을 원하면서 행복을 향한 욕망의 단계는 계속 상승한다.

보다 더 많이 갖고, 보다 더 높이 올라가야 행복해지는 것으로 착각한 나머지 끝내는 그 욕망의 제물이 되어 불행의 나락으로 추락하는 것이 인생이다. 그럼 진정한 의미의 행복은 무엇인가. 우리 같은 필부필부가 행복의 개념을 정의하기엔 너무 어려운 명제이다.

스위스의 사상가이자 법률가인 칼 힐티는 그의 명저 《행복론》에서 사람에게는 세 가지 행복이 있다고 했다. '서로 그리워하고, 서로 마주보고, 서로 자기를 주는 것'이라고. 즉, 사람과 사람과의 좋은 관계가 행복의 원천이라고 말한다. 또한 '아무리 사람이 소중하다고 하여도 뜻이 다른 사람은 세상에서 가장 견디기 어려운 대상'이라고 말한다. 이는 어려운 사람과의 관계는 가장 큰 불행임을 의미하며, 나의 존재가 누군가에게 큰 소망(행복)이 될 수도 있고, 칼(불행)이 될 수도 있다는 것을 뜻한다.

러시아의 대문호 레프 톨스토이는 이 세상에서 가장 중요한 순간은 지금이고, 가장 중요한 사람은 지금 나와 함께 있는 사람이며, 가장 중요한 일은 나와 함께 있는 사람을 행복하게 해주는 일이라고 했다. 또한, 프랑스의 위대한 소설가인 발자크는 그의 '행복론'에서 '행복은 스스로 즐기는 힘에서 나온다.'고 하였다. 절망 속에서 희망을 보는 것은 능력이며, 지금 당장을 즐기는 힘이 긍정과 행복의 시작이라고 했다.

한편, 그리스의 대철학자 플라톤은 그의 '행복론'에서 참으로 검소하고 담박한 행복론을 제시한다. 첫째 먹고 입고 살기에 조금은 부족한 듯한 재산, 둘째 모든 사람이 칭찬하기엔 조금은 부족한 외모, 셋째 자신이 생각하는 것의 절반밖에 인정받지 못하는 명예, 넷째 남과 힘을 겨루었을 때 한 사람에게는 이기고 두 사람에게는 질 정도의 체력, 다섯째 연설했을 때 듣는 사람의 절반 정도만 박수를 치는 말솜씨, 이는 조금은 부족함을 느끼는 삶이 행복으로 가는 지름길임을 의미한다. 이처럼 행복은 좋은 인간관계 속에서 남을 위해 정을 베풀고, 조금은 부족하지만 주어진 자신의 삶에 만족하고 긍정하는 삶이란 것을 알 수 있다.

나 역시 가정주부이자 두 아이의 엄마로서 평범하게 살다가 어느 순간 기업이라는 생

소한 분야에 자의 반 타의 반으로 발을 들여놓게 되었다. 남자도 하기 힘든 사업을 여자의 몸으로 하면서 별의별 일도 다 겪었지만 내 존재감의 상실만은 허락하지 않겠다고 발버둥을 쳤다. 그런 가운데 세월이 약이라고 나름대로 이 세계에서 살아남는 이치를 깨우치게 되었다. 조금 적게 갖겠다는 생각으로 일을 하니 마음 편하게 살게 된 것 같다.

그런데 마음 한구석에 항상 채워지지 않는 일말의 공허감이 똬리를 틀고 있어 무척 속앓이를 했다. 앎이라는 것에 오랜 시간 공복감을 느낀 나는 늦깎이 공부를 시작했다. 주경야독. 처음엔 참 적응하기 힘들었지만 한 학기를 지나고 보니 밤늦은 공부에도 제법 이골이 났다. 문득 공자의 '논어' 학이 편에 있는 한 구절이 떠오른다. "학이시습지學而時習之면 불역열호不亦說乎아" 때때로 배우고 익히면 이 또한 즐겁지 아니한가. 참으로 지당한 말씀같이 생각된다. 비록 힘든 과정이지만 만학을 통해 내 지적 공복감이 해소된다는 것에 작은 행복감을 느낀다.

한때 우리의 불행을 호되게 질책하며 행복전도사로 다가왔던 최윤희 씨가 자신에게 부닥친 병마라는 불행을 극복하지 못하고 63세의 나이에 스스로 세상을 등진 지도 3년이 지났다. 또한 웃음 전도사로서 우리의 지친 영혼에 신바람을 전하던 황수관 박사도 패혈증이라는 병마로 창창한 나이에 세상을 떠났다. 두 분 다 건강하게 사는 것이 행복이라는 것을 적시하는 사례가 아닐 수 없다. 이제 행복해지기의 정답은 나온 셈이다. 욕심을 조금 줄이고, 현실을 긍정하며, 즐기는 건강한 삶이 바로 행복이 아닐까? 행복은 팰리스 아파트에 사는 것도, 고관대작의 높은 지위에 앉는 것도, 대기업의 총수처럼 큰 부자가 되는 것도 아님을 알 수 있다.

누군가가 '한 시간 동안 행복해지기는 낮잠 자기요, 하루 동안 행복해지기는 낚시질하기며, 1년 동안 행복해지기는 새집을 갖는 것이며, 2년 동안 행복해지기는 결혼을 하는 것이고, 평생 동안 행복해지기는 남을 위해 봉사하는 것'이라고 말했듯이, 행복은 소유가 아닌 나눔이라는 것을 알 수 있다.

01

행복학 특강

행복지수

　사람들은 누구나 행복한 삶을 원한다. 그리스의 철학자 아리스토텔레스는 '행복이란 모든 인간 행위의 최고선이자 목적'이라고 했다. 그는 개인의 행복과 공동체의 행복은 윤리적으로 분리될 수 없다고 주장했다. 국민 개개인의 삶이 행복해야 행복한 나라라는 뜻이다. 한편 스위스의 사상가 카를 힐티는 '사람에게는 세 가지 행복이 있는데 서로 그리워하고, 서로 마주보고, 서로 자기를 주는 것'이라고 하였다. '사람과 사람의 관계가 행복의 원천이며, 뜻이 다른 사람은 가장 견디기 힘든 대상으로, 어려운 사람과의 관계는 가장 큰 불행'이라고 했다. 이는 나의 존재가 누군가에게 큰 소망(행복)이 될 수도 있고, 칼(불행)이 될 수도 있음을 의미한다. 좋은 사람과의 관계가 행복한 삶의 지름길임을 알 수 있다.

　우리는 새해가 되면 복 많이 받으라는 덕담을 주고받는다. 행복해지라는 말이다. 그러나 세상만사 마음대로 뜻대로 되지 않는 게 인간사이다. 설상가상이라는 말이 있듯이 엎친 데 덮친 격으

| 보통 사람들의 행복 |

로 경제적인 문제로 고통받고 있는데 건강까지 나빠지는 수가 있다. 불행은 살쾡이처럼 살금살금 다가와서 갑자기 뒤통수를 친다. 아무리 앞뒤를 잘 살피고 조심해도 피할 겨를이 없다. 이때 우리는 좌절하고 절망한다. 그리고 자살을 생각한다. 통계에 의하면 우리나라의 자살률은 OECD 34개국 중 1위라고 한다. 한해 11만 명이 자살을 시도하고 1만 6천 명이 실제로 자살한다고 한다. 하루 42명이 스스로 삶을 포기하는 셈이다. 참 서글프고 부끄러운 현상이다. 물론 자살의 원인에는 개인적인 이유도 있겠지만 사회구조적인 문제가 더 크게 작용한다고 볼 수 있다. 빈부격차의 심화, 세대 간의 갈등, 기존질서와 신질서의 충돌, 미래에 대한 불확실성의 증대, 치열한 경쟁사회에서 낙오된 좌절감 등이 낳은 부산물이다.

우리나라는 GDP가 세계 15위에 들 만큼 경제강국이 되었다. 그러나 국민 개개인이 느끼는 행복지수는 막강한 경제력과는 상당한 거리감이 있어 보인다. 2013년 UN세계행복보고서에 의하면 우리나라의 행복지수는 조사대상 149개국 중 41위로, 전년도 56위에 비해 많이 상승했지만 복지선진국 수준에는 한참 못 미친다. 이는 앞서 언급한 여러 요인들에 기인된 결과라고 생각한다.

이처럼 행복지수는 그 나라의 경제력 지수에 반드시 비례하지 않는다. 프랑스의 소설가 발자크가 말했듯이 행복은 스스로 즐기는 힘 즉, 만족하는 삶의 태도에 달려 있다고 해도 과언이 아니다. 국민의 행복지수를 높이기 위해서는 경제력과 함께 사회정의, 기회균등, 리더의 솔선수범, 만족하는 삶의 태도 등 개인과 사회공동체의 노력이 함께 뒷받침되어야 할 것이다.

행복학 특강

01

로맨스를 키워 나가는 법

성인발달 분야의 권위자인 미국의 '도티 빌링턴' 박사가 쓴《멋지게 나이 드는 법 46》이란 책을 읽은 적이 있다. 그녀는 나이 50에 대학원에 입학해 성인발달 분야에 관한 연구로 박사학위를 받았다. 그 후 모든 사람들이 중년이 된 나이에도 매력적이며 계속 성장하여 성공할 수 있다는 것을 강연과 저술활동을 통해 그 비결까지 제시하였다.

《멋지게 나이 드는 법 46 LIFE IS AN ATTITUDE》에는 나이 들어서도 멋지게 매력적인 삶을 영위해 나갈 수 있는 구체적인 방법들을 상세하게 제시하고 있다. 그중에서 〈로맨스를 키워 나가는 법〉을 내가 살아오면서 경험하고 나름대로 느낀 점과 비교해 가면서 나열해 본다.

먼저 배우자나 연인을 취미나 친구보다 최우선 순위에 놓아야 한다. 참 중요한 말이다. 오스트리아의 생태학자인 앙드레 고르나, 일본의 어느 시장이 한창 연구나 공적인 일을 해야 할 나이에

| 보통 사람들의 행복 |

51

병든 아내를 돌보기 위해 교수직과 시장직을 미련 없이 벗어던지고, 사랑하는 아내 곁에서 죽을 때까지 헌신한 것을 보면, 무엇이 가장 중요한 일이고 가치 있는 일인지 알 수 있다.

두 번째로 상대방을 숨 막히게 하지 말아야 한다. 서로를 존중하며 상대방의 입장 즉, 역지사지의 입장에서 모든 걸 이해하고 자유로운 관계 속에서 로맨스를 가꿀 수 있다.

세 번째, 사랑하는 사람 사이에서 경쟁은 절대 금물이다. 누가 이기든 지든 결국 한 팀이 이기는 것이기에 개인플레이보다는 서로 협력하고 격려할 때 그 효과는 배가 되고 로맨스는 깊어진다.

네 번째, 함께 많이 웃어라. 서로 마주 보고 찡그린 얼굴을 하면 꼴도 보기 싫어진다. TV의 재미있는 프로를 볼 때도 함께 웃어 줘라. 대개 남자들은 여자들이 깔깔거리고 웃는 모습을 보면 시니컬한 말투로 그게 뭐가 우습냐고 빈정거린다. 같이 웃지 않으면 로맨스가 싹트지 않는다.

다섯 번째, 사랑받고 싶다면 매력적이어야 한다. 여자나 남자나 집안에서의 차림에 너무 무관심하다. 감지도 않은 푸석한 머리에 음식 조리할 때 배인 냄새나는 몸뻬 같은 옷을 걸치고 지낸다. 쉬는 날엔 샤워도 양치질도 잘 하지 않는다. 항상 같이 지내다 보면 지겨워지는 것은 인지상정이다. 상대방에게 뭔가 매일 새롭게 보이려고 하는 노력이 뒤따라야 로맨스가 움튼다.

여섯 번째, 가사는 분담해서 함께해야 한다. 부부맞벌이 시대를 맞아 남자들이 가장 명심해야 될 항목이다. 남자라고 퇴근해서 집안에 들어오면 게임하고 TV나 보는 시대는 지났다. 설거지는 물론, 집안 청소, 빨랫감 널고 개기, 시장 봐주기 등의 일을 의무감으로 마지못해 하지 말고 스스로 찾아 즐기면서 해야 한다. 남자가 팔팔할 때 고관대작을 했건, 사장을 했건, 늙어지면 의지할 곳은 아내뿐이다. 집안일하는 것을 부끄럽게 생각하는 남자는 이혼 대상 1호이다. 아내가 피곤하여 골골하면 인생 말년이 고달프고 로맨스도 끝장이라는 것을 명심해야 한다.

일곱 번째, 서로가 성장 발전할 수 있도록 도울 때 두 사람의 관계는 두터워진다. 아내나 남편이 늦깎이 공부를 시작할 때 적극적으로 도와주어야 한다. 배움에 대한 성취감을 느낄 때 부부간의 로맨스는 더욱 돈독해진다.

여덟 번째, 쓸데없는 잔소리는 로맨스를 짓밟아 버리는 지름길이다. 꼭 하고 싶은 쓴소리가 있으면 포스트잇에 부드러운 표현으로 몇 마디 적어 아내의 화장대 거울에 붙여 놓아라. 아내가 웃으면서 처리할 것이다.

아홉 번째, '내가 지난번에 이렇게 말했잖아'라고 하는 것 역시 로맨스를 망가뜨리는 태도이다. 사람은 지난 일을 망각하기 일쑤다. 나이를 먹으면 건망증이 심해져서 더욱 그렇다. 크게 잘못한 것도 아닌데 화난 표정으로 타박을 주면 무안하고 자존심이 상해 상대방이 야속하게 여겨진다. 남자든 여자든 자신의 실수를 자기가 제일 사랑하는 사람만은 너그럽게 받아 줄 것으로 기대하고 있기 때문이다.

열 번째, 상대방에 대한 비판은 로맨스를 뭉개는 짓이다. 부부나 연인 사이에 비판은 절대 금물이다. 각자 성장한 환경이 다르고 사고방식 또한 다르므로 생각이 똑같을 수 없다. 비판을 살짝 돌려서 칭찬 같은 말로 해주면 금세 눈치 채고 고치겠다고 한다.

열한 번째, 서로 다투는 일이 있더라도 사랑하는 사람에게 상처 주는 말을 절대로 하지 마라. 상처 주는 말 한 마디는 가슴에 새겨져 평생 잊히지 않는다. 그리고 그 말이 씨가 되어 다툼의 단초가 된다. 남편의 능력을 남과 비교하여 폄하한다거나, 아내의 친정집을 깔보거나 비하하는 말은 절대 금물이다. 부부파탄의 가장 치명적인 원인이 된다는 걸 명심하라.

열두 번째, 서로 대화하라. 가장 쉬운 듯하면서도 어려운 말이다. 우리나라 남자들은 애정 표현이 서툴기로 정평이 나 있다. 부부 갈등의 가장 큰 문제가 대화 부재다. 특히 경상도 남자들은 과묵하기로 소문나 있다. 그게 자랑이 아니다. 퇴근해서 하는 말이 '아는?

자자.' 단 두 마디. 더구나 요즘은 스마트 폰 전성시대를 맞아 가족들이 모여도 대화가 없이 각자 스마트폰과 무언의 대화와 애니팡 같은 게임에 푹 빠져 있다. 남녀노소 불문이다. 참 개탄할 일이다. 그러니 황혼이혼이 급증하고 세 쌍 중 한 쌍이 갈라서는 이혼천국 시대가 되었다. 대화 없는 남녀 사이에 로맨스는 설 땅이 없다.

열세 번째, 사랑을 마음껏 표현하고 즐겨라. 우리나라 사람들은 애정표현 즉 스킨십이 서툴다. 세상은 많이 변했으며 사랑의 표현 방법 또한 직설적이고 다이나믹해졌다. 부부 간의 잠자리 또한 끊임없는 대화를 통하여 사랑의 즐거움을 마음껏 누릴 수 있도록 해야 한다. 어느 한쪽이 불만이 쌓이면 언제 그 불만이 폭발할지 모른다. 부부 사이에 섹스트 러블을 쉬쉬하고 방치해서는 안된다. 나이 50이 되면 갱년기가 오는데 그때부터 각방을 쓰는 부부가 있다. 이는 스스로 부부이기를 부정하는 행위나 마찬가지다. 이제 인간의 수명이 100세시대로 접어들었다. 부부생활은 나이가 문제가 아니라 마음이 문제다. 좋은 영양상태에 적당한 운동만 하면 80세까지도 부부생활을 계속할 수 있다고 한다. 애늙은 이로 허송세월하지 말아야겠다.

끝으로 우리가 우리 자신과 우리의 시간, 그리고 우리 생각의 일부분만을 상대방과 나눈다면 결국 사랑은 살아남지 못한다. 앞에서 언급했지만 부부간이나 연인 사이에서는 서로에게 모든 것을 열어 놓고 지내야 한다. 뭔가 부족한 것, 불만스러운 것, 기대하는 것, 간절히 원하는 것들을 모두 함께 공유하며 나누어야 한다. 어느 한쪽의 아픔이나, 상대방 몰래 갖는 행복이 존재하는 한 행복한 부부도 연인도 아니다. 죽도록 사랑하고 살아도 모자라는 짧은 인생. 부부간의 진정한 사랑과 행복이 뭔지 모르고 산다는 것은 참으로 가슴 아픈 일이다. 멋지게 나이 든다는 것은 나이 자체에 매여 사는 삶이 아니라, 나이는 단지 숫자에 불과할 뿐, 인생을 즐기며 사랑하는 적극적인 삶을 살아간다는 것을 의미 한다.

행복학 특강

01

행복은 내 안에 있다

당신은 행복합니까?

새해가 되면 다들 나름대로 기대하는 게 많다. 쪼들리는 살림살이에 돈복이 터져 형편이 좀 펴이지 않을까. 지지부진한 사업에 운이 들어 돈맛 좀 볼 것인가. 좋지 않은 건강이 회복되어 병고의 시달림에서 해방되려나. 시집 장가 안 가도 애먹이는 자식들이 제짝을 만나 결혼할 수 있을까. 만년 계장자리를 털고 과장으로 승진할 수 있을까 등등 새해에 거는 기대가 크고 궁금하기만 하다.

그래서인지 음력 정초가 되면 사주, 관상, 수상 등을 보는 철학관이나 용하다는 점집을 찾는 사람들이 많다. 어떤 설문조사에 의하면 우리나라 사람들이 고민거리가 생겼을 때나 정초에 이런 곳을 많이 찾는다고 응답한 사람의 비율이 43%에 이른다고 하였다. 답답한 사람이 샘 판다더니 생각보다 그 비율이 높다. 그런데 흥미로운 것은 소위 사회 엘리트 계층에 속하는 사람의 비율이 평균보다 더 높았다는 것이다. 이는 치열한 경쟁사회에 사는 현대인들이 미래에 대한 불확실성에 몹시 불안해하고 있다는 것을 의미한다. 이처럼 인간이 추구하는 궁극적 목표인 행복한 삶에 대한 욕구는 예나 지금이나 변함이 없음을 알 수 있다.

그러나 시대의 변천에 따라 행복에 대한 기준이나 삶에 대한 만족도는 다르게 변해가고 있다. 이는 인간이 거주하는 생활환경의 변화에 따라 행복에 대한 가치관이 달라지기 때문이다. 농경시대엔 자급자족의 경제생활로 어느 정도 의식주만 해결되면 만족하는 삶을 살고 있다고 인식했다. 그러나 산업화 도시화의 급진전에 의해 인간의 욕망은 무한대로 커졌다. 정신적인 경향에서 물질 지향적 사고로 가치관이 바뀌면서 채울수록 커가는 행복에 대한 갈증으로 불안해하고 있는 것이다.

2013년 유엔세계행복보고서에 의하면 우리나라 국민들의 행복지수는 조사대상 156개국 중 41위에 머물고 있다. 그리고 2012년 세계 148개국 15세 이상 국민 1,000명을 대상으로 한 행복도 조사에서 97위를 차지했다. 또한 글로벌리서치 전문기업 입소스Ipsos global public affairs가 2011년 말 세계 24개국 1만 8,687명을 대상으로 실시한 행복도 조사결과, 우리나라는 23위로 꼴찌인 항가리에 이어 뒤에서 두 번째로 국민 행복도가 낮은 나라로 나타났다. 인도네시아 국민의 51%, 인도와 멕시코 응답자의 43%가 매우 행복하다고 답변한 반면, 우리나라 국민은 7%만 그렇다고 답변한 것을 봐도 우리나라 국민의 행복도가 낮다는 것을 여실히 증명하고 있다. 이는 우리의 경제력이 세계 15위권에 속한 것을 감안할 때 국민행복과 경제력의 괴리감이 너무나 크다는 것을 알 수 있다.

| 보통 사람들의 행복 |

우리 국민의 행복지수가 낮은 이유는 뭘까?

그렇다면 우리 국민들의 행복지수가 우리의 실질 경제력과는 달리 턱없이 낮은 이유는 뭘까?

우리나라는 서구에 비해 50년이라는 짧은 기간 동안에 산업화·정보화를 이룩함으로써 갑자기 물질적으로 풍요로워졌다. 그러나 유교적인 위계 중심적 가치관이 붕괴되고 물질만능주의가 팽배함으로써 가치관의 혼란을 초래하게 되었다. 급격한 시대변화에 따라 새로운 문물과 지식·정보가 범람하는 가운데 가치관의 균형을 잃은 우리의 삶이 마음의 병을 앓게 하였다. 물질적인 부가 부를 낳고 또 그 부가 대물림하는 가운데 개천에서 용 나는 시대는 구시대의 유물이 되어 버렸다. 가난의 굴레 역시 대물림하는 악순환이 계속되는 상황에 절망하고 좌절한다.

우리나라가 OECD 34개국 가운데 자살률 1위라는 불명예를 차지하게 된 것은 이런 현상을 뒷받침하고 있다. 이것은 물질적인 성장과정에서 정신적 가치관의 상실에 따른 현실 불만족이 낳은 결과가 아닐 수 없다.

또 한 가지 간과할 수 없는 것은 우리 국민만큼 평등의식이 강한 민족이 드물다는 것이다. 인도 같은 나라는 아직도 그 사람의 출신성분이 사회계층을 자연스럽게 형성하고 있다. 브라만, 크샤트리아, 바이샤, 수드라로 계층화된 카스트제도가 엄연히 존재하고 있다. 소위 불가촉천민의 신분제가 살아 있다. 그러나 하층민의 경우 자신들의 신분에 대한 차별대우를 원망하거나, 상위계층에 대한 적대감은 거의 없다고 한다. 자신에게 주어진 숙명으로 받아들이고 사는 것이다.

그러나 우리 국민들은 절대로 이런 신분적 차별은 인정하지 않는다. 자신이 비록 최하위 계층에 속하지만 자신보다 높은 계층의 권력자나 재력가라도 자신과 다른 신분의 사람으로 인정하지 않는다. 나도 시켜 주면 권력자가 될 수 있고, 돈 있으면 재벌도 될 수 있다고 생각한다. 다만 자신에게 그런 기회가 주어지지 않았거나, 운이 따라주지 않았을 뿐이라고 푸념한다.

자신이 못났거나 부족해서 그렇다고 잘 인정하지 않는다. 겉으로는 인정하는 척하지만 속으로는 너나 나나 별반 다를 게 없다고 생각한다. 이와 같은 자기중심적 평등의식이 사회계층 간의 갈등을 일으키는 요인으로 작용하고 있다고 볼 수 있다.

●
어떻게 하면 만족하는 행복한 삶을 누릴 수 있나
●

뤼트 베인호번 네덜란드 에라스무스대 행복학 교수는 "지금보다 더 행복하려면 활동적으로 일하고 놀아라."고 하면서 스스로의 행동에 의해서 행복은 좌우된다고 하였다. 그는 자신에게 맞는 라이프 스타일을 찾아야 한다고 역설했다.

우리나라 국민의 평균 행복도가 낮은 것은 한국의 전통농경사회의 잔재인 집단주의 문화로 인해 자신에게 가장 알맞은 삶의 방식을 선택하는데 제한을 받기 때문이라고 했다. 많은 사람들이 자신의 삶에서 최선이 아닌 차선을 선택해 자신과 맞지 않은 직업선택이나 결혼을 하는 경우가 생긴다고 했다.

이것은 한국인의 유별난 속성인 '고립불안'의 반증이기도 하다. 집단에서 이탈되었을 때 느낄 소외감의 회피를 위해 취하는 행동이라 말할 수 있다.

《울고 싶어도 내 인생이니까》의 저자 백장미 씨는 '인생을 사랑하라'고 강조한다. 사랑은 인생을 향기롭게 하며 사랑 없는 인생은 참을 수 없는 악취가 진동한다고 했다. 아마 사랑만큼 인간에게 진실한 감정은 없을 것이다.

'사랑=행복'이라는 등식은 항상 성립한다. 다만 사람들이 이 등식을 스스로 깨 버림으로써 불행해질 뿐이다. 행복해지려면 먼저 자신을 사랑할 수 있어야 남을 사랑할 수 있다. 자기를 사랑한다는 것은 단순한 자기애를 의미하지 않는다. 이것은 자칫 거만으로 비쳐질 수 있다. 자기사랑은 자기 자신을 행복해지도록 가꾼다는 것을 말한다.

절주, 금연, 규칙적인 운동, 소식, 긍정적인 생각, 건전한 취미생활, 적극적인 활동은 바로 자기 자신을 사랑하는 행동들이다. 자기사랑의 실천은 건강한 삶을 누리는 원천이며, 자기만족에 의한 행복감으로 충만된 삶을 살게 한다. 이러한 행복감은 행복 바이러스로 다른 사람에게 옮겨가게 하여 연쇄반응으로 행복체인을 만들게 된다. 끝없이 길게 행복체인으로 연결된 사회는 불행이 침범할 틈새를 내주지 않는다. 설령 일시적으로 불행의 나쁜 바이러스가 침범했다 하더라도 행복바이러스로 무장된 행복체인에 의해서 격퇴되고 말 것이다.

얼마 전 어떤 TV 장수프로에 등장한 '하모니카 언니'라는 프로를 보고 느낀 게 많았다. 출연자의 연세가 87세의 고령임에도 팽팽한 얼굴과 활발한 움직임은 70대 초반의 여인을 연상케 하였다.

고령화가 급진전된 우리 사회에서 가장 큰 고민거리가 독거노인문제다. 최근 신병을 비관하여 자살하는 노인들이 늘어나는 추세에 있어 장수가 축복만은 아님을 실감한다. 특히 노인치매가 배우자를 비롯한 해당 가족의 삶을 풍비박산 나게 하는 것을 보면서 나이 들어 가장 중요한 것이 건강하게 늙는 것이라는 걸 절감한다.

그런데 TV에 나온 87세 할머니는 딸자식 다 출가시키고 혼자 사시는데도 그렇게 얼굴이 밝고 명랑하며 활기찰 수가 없었다. 이 할머니는 하모니카 불기를 취미로 삼아 강습소에서 하모니카 불기도 익히고 친구도 사귀면서 하루하루를 즐겁게 보내고 있었다. 단짝 친구 셋과 자주 만나 외출하니 차림새도 깔끔하게 멋을 내고, 건강관리를 위해 등산, 걷

기운동도 꾸준히 하여 참 보기 좋았다. 요새 유행하는 가요인 '내 나이게 어때서'를 즐겁게 합창하며 행복한 노년을 보내고 있었다. 나이 들어 무료하게 살지 않으려면 꼭 한 가지 취미생활을 할 것을 권한다.

행복은 내 안에 있다

지금까지 행복에 대한 인식변화의 과정과 우리 국민의 행복도나 행복지수가 왜 낮은지 각종 통계수치와 사례를 통하여 살펴보고, 우리 모두가 염원하는 행복한 삶을 누리기 위한 생활태도와 방법 등을 알아보았다.

그런데 행복과 불행을 어원적 의미로 해석하기에는 한계가 있다. '절망의 끝은 희망의 시작'이라고 했듯이 불행을 불행이라 여기지 않고 담담하게 수용하면 행복의 시작이 될 수가 있다. 우리가 일생을 살아가는 동안 걱정 없이 살 수 있는 방법은 없다.

인간관계 걱정, 일 걱정, 생활 속 걱정, 돈 걱정, 건강 걱정 등등 인생사는 온통 걱정으로 가득 차 있다고 해도 과언이 아니다. 그러나 누군가 말했듯이 우리가 하는 걱정의 90%는 실제 일어나지 않는다고 한다. 10%의 걱정도 대부분 시간이 가면 해결된다고 한다. 설령 미해결 상태가 되더라도 사람이 죽기 아니면 살기로 마음 단단히 먹고 견디면 자연히 해결되거나 피해 가는 수가 많다고 한다.

이처럼 행복은 내 밖에 있는 게 아니라 내 안에서, 내 생각 속에서 똬리를 틀고 있다. 행복의 열쇠를 쥔 사람은 자기 자신이다. 그 열쇠로 얼마나 지혜롭게 자신에게 점지된 행복의 문을 열어 가느냐에 따라 행복과 불행의 향방은 결정될 것이다.

02

노인이 행복한 세상

02

—
노인이 행복한 세상
—

노익장이 부럽다

올해 일본 문예춘추文藝春秋사가 발표한 158회 나오키상 수상작은 기도이 요시노부의 소설 〈은하철도 아버지〉였다. 동시에 발표한 아쿠타가와상은 와카타케 지사코의 〈나 혼자 갑니다〉와 이시이 유카의 〈100년 진흙〉이 공동수상작으로 선정되었다. 나오키상과 아쿠타가와상은 일본에서 가장 권위 있는 문학상이다. 나오키상은 대중작가의 통속소설에, 아쿠타가와상은 순수문학에 수여된다. 매년 1월과 7월, 상하반기로 나누어 2회 시상한다. 그중 아쿠타가와상 공동수상자인 와카타케 여사는 올해 63세의 할머니이다. 요즘 일본에는 고령 노인여성의 문학작품이 대박을 터트리며 노익장을 과시하고 있어 화제다.

일본은 우리보다 앞서 2006년에 초고령사회(노인인구 20%)에 접어들어 현재 노인인구가 25%에 달하는 초초고령사회이다. 우리나라도 2017년 말 고령사회(14%)가 되었다. 통계청 추계에 의하면 2026년이면 우리도 초고령사회가 된다. 일본이 고령화 사회

(7%)에서 고령사회(14%)가 되는데 24년이 걸렸는데, 우리는 7년 만에 초스피드로 고령사회가 되었다. 이제 일본은 전체 인구 1억 2천 6백만 명 중 3천2백만 명이 노인인구로 노인천국이 되었다(한국은 730만 명). 이에 맞춰 일본은 사회구조를 고령사회에 걸맞게 정년도 60세에서 65세로 상향조정하고 있으며, 경제활동인구도 장노년층이 청년층보다 높다고 한다. 얼마 전 신문기사를 보니 우리나라도 50~60대의 취업률이 30~40대를 앞질렀다고 한다.

이처럼 일본이나 한국이나 고령사회로 접어드는 추세는 비슷하다고 볼 수 있다. 현재 일본에서는 앞서 아쿠타가와상 수상자에서 보듯이 연간 베스트셀러 1위는 95세 여성작가 사토 아이코가 쓴 《90세 뭐가 경사라고》라고 하니 놀랍다. 이 책이 물경 100만 부나 팔려 밀리언셀러를 기록하자 작가 자신도 놀라서 "대체 왜?"라고 하며 고개를 갸우뚱했다고 할 만큼 일본 노인 여성작가의 맹활약이 부럽기만 하다.

지금 일본 출판계에서는 "아라한around hundred책"이라 불리는 노인 저서가 서점에서 판매 돌풍을 일으키고 있다니 초고령사회 일본의 실상을 짐작하고도 남는다. 노인 여성작가들은 자신의 나이 든 얼굴 모습을 책 표지에 당당하게 싣고 노인이라는 선입견을 조금도 개의치 않는다고 한다. 그만큼 자신감에 넘친다는 증거다. 그 외 105세의 현역 화가 시노다 도코 여사가 쓴 《103세가 돼 알게 된 것》도 50만 부가 팔렸으며, 일본 최초의 여성 보도사진가인 104세 사사모토 쓰네코 여사가 쓴 《호기심 걸, 지금 101세》도 인기리에 팔린다고 한다. 이런 현상을 반영하듯 일본 출판계에서는 노인 여성작가 모시기에 혈안이라고 전한다. 불황 속에 허덕이는 우리나라 출판계에서도 타산지석으로 삼아야 할 것 같다. 순수문학인 시나 소설이 독자들로부터 외면받는 이유와 우리 출판계가 독자들의 취향과 트렌드를 제대로 파악하고 있는지 자성의 계기로 삼아야 할 것 같다.

연세 드신 노익장들의 활약상은 독서계뿐만 아니라 연예계와 패션계에서도 불고 있다. 60대에 이른 연기인들이 다양한 프로그램에 출연하여 왕년의 연기실력에 못지않은 농익은 연기로 재미를 선사하고 있어 장수 연예인으로 인기를 누리고 있다. 그리고 젊은 사람 전용구로 생각했던 패션분야에서 노익장을 과시하고 있어 신선한 충격을 던져주고 있다. 50~80대에 이르는 국내 시니어 모델들이 국내 패션무대는 물론 세계 패션무대에도 당당 히 도전하고 있다.

지난해 7월 23~27일까지 미국 샌프란시스코 모스콘 센터에서 열린 제21차 세계노인 학. 노인의학회 세계대회에서 개최한 패션쇼에 우리나라 노인 여성모델이 참가해 노익 장을 과시했다고 한다. 2007년도에 설립된 뉴시니어 라이프사는 50세 이상의 장노년층을 대상으로 모델교육을 하여 국내 패션쇼에 데뷔시켜 왔다. 지금까지 1,800명에게 모델교 육을 시켜 146회에 걸쳐 시니어 패션쇼를 개최했다고 한다.

이곳에서 패션모델교육을 받아 현역에서 활동하는 모델 중에는 91세 여성도 있다고 한 다. 그분들은 나이에 상관하지 않고 자신을 가꾸면서 노년의 아름다움을 뽐내며 활기차 게 활동하고 있다. 그들은 이구동성은 나이는 숫자에 불과할 뿐이며 자신의 의지와 행동 에 따라 젊은이 못지않게 열정적으로 노년을 즐기며 살 수 있다고 말한다. 모델로서 바른 자세와 당당한 워킹에 화려한 조명의 스포트라이트를 받으며 쇼에 임하여 관중의 박수갈 채를 받을 때 큰 성취감을 맛본다고 한다.

이처럼 적극적인 노년의 삶은 육체적인 건강유지는 물론 정신적으로도 충만된 자신감 으로 가득 차 삶의 보람을 느낄 수 있는 것이다. 100세 장수시대를 맞아 각자 제 분야에 서 나이에 구애받지 않고 노익장을 과시하는 노인들을 보면 인생이란 마음먹기에 따라 늙음이 결코 인생의 끝이 아니라 젊음의 연장선상에 있는 가치 있는 삶이라는 것을 알 수 있다.

02 — 노인이 행복한 세상 —

노인 학대와 신 고려장

금년 말로 우리나라 노인인구(65세 이상)가 전체 인구의 14%를 차지해 고령사회로 접어든다. 2017년 6월 말 총인구(5천1백7십만)기준으로 7백30만 명이 노인이 되는 셈이다. 통계청의 예측에 의하면 2026년이 되면 전체 인구의 20%가 노인이 되는 초고령사회로 진입한다고 한다. 노인 1천만 명 시대가 열리는 것이다. 이에 따라 노인복지에 투입될 사회복지 재정은 눈덩이처럼 불어날 것이다. 합계출산율 1.24명에 불과한 초저출산국인 한국은 지금 일본이 겪고 있는 초고령사회의 문제점을 답습할 처지에 놓여 있다.

생활수준의 향상과 의학기술의 발달로 한국도 100세 장수시대가 활짝 열렸다. 우리가 염원해온 장수시대가 도래했지만 이를 뒷받침할 노인복지시스템은 아직 제대로 작동하지 못하고 있다. 우리나라는 OECD 37개국 중 노인 빈곤율이 61.7%로 1위이다. GDP 규모 세계 14위, 무역규모 1조 달러, 수출 7위, 수입 9위, 1

인당 GNP 2만 4,565달러(2014년 기준)를 자랑하는 국제적 위상과는 너무나 거리가 멀다.

한국의 복지예산 규모는 중앙정부가 총예산의 30%, 지자체가 35%선에 이르고 있다. 이런 복지예산의 급증은 국가재정의 압박요인으로 작용하고 있다. 특히 새 정부의 사회복지확대 공약으로 재정수요의 증가는 불을 보듯 뻔하다. 복지재원은 생산성의 증가에 의한 고용창출과 내수증진, 해외 무역수지 흑자기조유지로 확충할 수가 있다. 그러나 국제교역환경 악화와 내수경기부진으로 복지재원 확충은 어려움에 처해 있다. 사드배치에 따른 중국의 무역보복과 미국 트럼프 정부의 한미자유무역협정 개정압박 등 대외여건의 악화로 해외의존도가 높은 우리 경제를 옥죄고 있다. 이런 가운데 새 정부에 대한 복지확대 요구가 일시에 분출되고 있어 더욱 뒷감당이 힘든 상태이다.

이처럼 어려운 국가재정상황을 고려할 때 노인복지재원의 확충전망은 결코 밝지가 않다. 통계청에서 발표한 치매환자 수는 45만 9천 명으로 지난 5년간 56%나 급증했으며, 이에 소요된 예산도 1조 6천3백억 원에 이른다. 최근 무연고자 사망 - 고독사 - 이 사회문제화하고 있다. 이는 1인 가구의 증가에 따른 문제로 2015년 1인 가구 비율이 27.2%였으나 통계청의 장래가구추계에 의하면 2015~2045년 사이에 70세가 넘는 홀몸노인이 전체 1인 가구의 40%(809만 8천 가구)에 이를 것이라고 전망하고 있다.

얼마 전 노인 빈곤으로 부산에서만 1일 27명이 고독사하는 것으로 신문에 보도되었다. 이런 1인 가구의 급증으로 나타나는 사회적 병리현상은 참으로 비극적이다. 소위 현대판 신 고려장이 횡행하여 노부모를 해외에 버리고 오는 패륜자식 이야기가 심심찮게 보도되고 있다. 치매에 걸린 80대 노부모를 필리핀의 모텔에 유기하고 형제들에게 거짓 부고를 한 후 장례비를 챙긴 자식이 있는가 하면, 명문대를 졸업한 60대 후반 노인이 외동딸을 따라 미국에 이민을 가서 치매에 걸리자 의료보호제도가 취약한 미국에서 진료비를 감당 못해 명찰을 달아 한국행 비행기에 실어 보낸 사건도 보도되었다. 신 고려장의 전형이다.

| 보통 사람들의 행복 |

어디 이뿐이랴. 부모를 방기하여 고독사한 노인의 장례를 가족들에게 요청했으나 아무도 할 수 없다고 관청에 떠넘기는 파렴치한 사람들의 이야기도 있다. 죽은 사람이 남긴 유산이라도 있었다면 그랬겠는가. 그리고 요즘 자식이 부모에게 폭력을 행사하며 행패를 부리는 노인학대가 부쩍 늘어나고 있다. 어찌하여 우리나라가 경로효친지국에서 노인패륜지국으로 타락하는 지경에까지 이르게 되었는지 통탄할 일이다. 장수가 축복이 아니라 저주의 시대가 된 느낌이 든다.

애견 인구가 1천만 명을 넘어서서 펫 푸드, 펫 파크, 펫 시티가 산업계의 블루오션으로 떠오르고 있다. 강아지 한 마리 관리비가 한 달에 20~100만 원에 달하는 시대에 강아지만도 못한 취급을 받는 노인에 대한 패륜행위를 어떻게 설명해야 할지 모르겠다. 조사에 의하면 노부모에게 매달 정기적으로 용돈을 보내는 자식이 10% 미만이라고 한다. 강아지한테 드는 돈은 아깝지 않고 부모에게 주는 용돈은 아깝다니 해도 너무하는 게 아닌가. 자기들도 다 나이 들면 노인 될 터인데 그때 그런 취급받으면 어떤 기분이 들까. 각자 상상에 맡긴다.

아무튼 매년 증가하는 노인 학대와 방임, 유기사건은 갈수록 늘어나 2006년 2,274건에서 2015년 3,818건으로 67.9%가 늘어났다. 이것은 신고된 건수이고 미신고된 건수가 몇 배 더 많을 것이다. 우리도 중국처럼 효도법을 강화하여 부모를 학대하거나 방기하면 처벌받게 하는 묘수를 써야 할지도 모르겠다.

이제 우리 모두가 노인의 고독사는 자연사가 아닌 사회적 죽음으로 심각하게 받아들여야 할 때가 된 것 같다. 이런 사태는 복지제도가 깡그리 망가진 곳에서 생겨나므로 국가적인 차원에서 노인복지 특히 독거노인문제에 대한 사각지대 해소대책이 시급히 강구되어야 할 것이다.

노인이 행복한 세상

물질만능주의와 패륜범죄의 증가

　논어 학이 편 제2장에서 유자有子는 '기위인야효제其爲人也孝第'라 했다. 효도와 형제간의 우애가 인간의 근본이라는 뜻이다. 공자, 맹자 등 수많은 제자백가가 출현한 춘추전국시대(B.C. 770~476 년경) 중국은 매우 혼란스러운 시기로 무질서와 패륜이 극에 달했다. 동서고금을 막론하고 나라가 어지럽고 혼란한 시기에는 각종 범죄와 인륜을 극하는 패륜행위가 판치기 마련이다. 그러나 2차 대전 이후 세계에서 유일하게 전쟁의 폐허를 딛고 민주주의 정부와 경제발전에 성공한 한국에서 패륜범죄가 해마다 늘어나고 있다는 것은 너무나 역설적이다. 구미선진제국이 100여 년에 걸쳐서 이룩한 산업화를 불과 반세기라는 짧은 기간에 이룩한 과정생략의 압축 성장에 따른 부작용이라고 하지만 쉬 납득이 가지 않는다.

　지난 2월 금전문제로 다투다가 60대 아버지를 둔기로 때려 숨지게 한 뒤 바다에 시신을 버린 혐의로 30대 남성이 구속되었다.

패륜행위는 부모자식과 형제간에만 해당되는 것이 아니다. 아내가 정부와 짜고 거액의 보험금을 노리고 니코틴 원액을 과다 투여하여 남편을 사망케 한 사건도 있었다. 아무리 돈에 환장했기로서니 이런 패륜범죄를 인간의 탈을 쓰고 스스럼없이 자행할 수 있는지 도저히 이해할 수가 없다.

어디 그뿐이랴. 13살 초등생을 상대로 비이성적인 행위를 한 여교사 사건도 충격적이었다. 그러나 범죄로 인지되지 않은 패륜행위는 사회 곳곳에서 지위고하를 막론하고 발생하고 있다. 한국 10대 재벌의 자녀들이 부모 유산을 두고 법적 분쟁을 벌이는 광경은 이제 다반사가 되었다. 가끔 문상차 상가를 다녀온 지인들의 애기를 들어보면 더 기가 막힌다. 장례예식장에서 부모의 시신을 앞에 두고 조문객들의 시선도 아랑곳하지 않은 채 유산 분배문제로 다투는 볼썽사나운 모습을 종종 목격한다고 했다. 자신은 자식에게 물려 줄 재산도 없으니 사후에 자식들끼리 싸울 일도 없을 테니 오히려 다행(?)이라며 쓴웃음을 지었다.

최근 가족들에 의한 존속범죄가 급증하고 있다. 2013년 이후 존속(부모)을 상대로 한 패륜범죄가 7,582건에 달했다고 한다. 지난해에는 2,235건으로 4년 만에 2배나 폭증했는데, 존속을 살해하는 끔찍한 사건이 1주일에 1건(월 4.5건)꼴로 발생했다고 한다. 존속을 대상으로 한 패륜범죄 중 폭행이 4,945건으로 65%를 차지했으며, 존속살해 252건, 존속협박 600건, 존속상해 1,700건, 존속체포, 감금 76건 등이다(민주당 이재정 의원 국회제출자료).

이러한 통계수치는 경찰서에 신고되어 사건화된 존속대상 패륜범죄 건수이어서 신고하지 않고 고통을 당하고 있는 존속대상 패륜행위는 그 몇 배가 될 것이다. 미우나 고우나 내 자식이니 어쩔 수 없이 참고 당하고만 있는 것이다. 한때 중국으로부터 "동방예의 지국"으로 불렸던 우리나라가 어째서 '패륜지국'으로 전락했는지 통탄할 일이다.

그 밖에 비속(자녀)을 상대로 한 범죄도 최근 많이 발생하고 있다. 자식을 낳아서 버리는 것을 예사로 생각하는가 하면, 자기가 낳은 자식이나 전처자식을 가두어 굶겨 죽이거나, 두들겨 패서 사망케 하는 사건이 비일비재하다. 돈이면 '만사 오케이'라는 물질만능주의 팽배는 결국 이 사회를 범죄로 병들게 하고, 그 뒤치다꺼리를 위한 사회적 비용은 국민들이 낸 혈세로 충당하게 된다.

행운의 여신인 복권에 당첨되어 일확천금을 거머쥔 사람들의 말로가 대부분 비참한 신세로 전락한 것을 보면 물질이 결코 인간의 행복을 좌우하는 필요충분조건이 될 수 없음을 알 수 있다. 물론 자본주의 사회에서 물질적 궁핍은 삶의 질을 떨어뜨리고 자칫 범죄의 유혹에 빠지게 할 수 있다. 이처럼 경제적으로 취약한 계층에게는 정부차원의 복지대책이 강구되어 패륜범죄의 사전예방에 힘써야 할 것이다.

그러나 어느 정도 인간으로서의 기본적인 욕구가 충족이 되는 필요조건을 갖췄다면 과욕은 금물이다. 우리 속담에 '복에 없는 관을 쓰면 머리가 깨진다.'고 했다. 자기분수를 벗어나는 물질이나 권력에 대한 집착은 파멸로 가는 지름길이다. 사람의 욕심이 끝이 없다보면 욕망의 줄타기에서 떨어지는 순간에 겪는 절감망은 스스로를 죽음이라는 막다른 골목으로 몰고 간다. 생자필멸이라고 했지만 인간은 살기 위해서 태어난 존재이기에 생명의 존엄성을 극하는 패륜범죄는 스스로 인간이기를 거부하는 파렴치한 행위의 전형이다.

우리 모두 경쟁에 내몰려 앞만 보고 가던 바쁜 걸음을 잠시 멈추고, 자신을 되돌아보며 마음을 비우는 성찰의 시간을 가져보아야겠다. 잠시 물질에 눈멀었던 자신이 얼마나 부끄럽고 초라한 존재였던가를 느끼게 된다면 인륜을 저버리는 패륜범죄도 서서히 우리 사회에서 설 자리를 잃게 될 것이다.

| 보통 사람들의 행복 |

02

— 노인이 행복한 세상 —

백세 인생의 숙명

25년 무명 가수였던 이애란 씨가 〈백세 인생〉이란 노래로 공전의 대 히트를 쳐서 스타덤에 올랐다. "60세에 저세상에서 날 데리러 오거든 아직은 젊어서 못 간다고 하여라."로 시작되는 노래는 "100세에 저세상에서 날 데리러 오거든 좋은 날 좋은 시에 간다고 전해라."로 끝난다. 100세까지 살았다면 천명天命을 다했으니 살 만큼 살았다는 자족감을 노래로 표현한 것이다. 그러나 100세가 되었다고 죽고 싶은 사람이 어디 있겠는가. 생명에 대한 집착은 인간 본성의 발현이다.

고령화는 세계적인 추세이다. 과학기술의 발달에 힘입은 의술의 발전은 인간의 생로병사를 숙명으로 여기던 사고를 바꿔 놓고 있다. 노화전문연구의학계의 말을 빌리면 노화는 자연적인 현상이 아니라 일종의 질병으로 간주하고 있다. 궁극적으로 노화를 지연시키는 실험과 연구를 통해서 생명연장이 가능하다는 것이다. 노화의 원인물질을 제거하면 불로장생이 꿈이 아니라는 말로 들린다. 천하를 통일하고 죽기가 싫어 불로장생약을 구하려고 했던 진시황의 염원이 실현될 날이 올지도 모르겠다. 그러나 나이를 먹어 늙는다는 것은 고독한 삶으로의 이행을 의미한다. 함께 살았던 배우자나 가족 및 친구들이 하나둘 자기 곁을 떠나고 빈 둥지의 신세로 전락한 자신을 돌아보면 쓸쓸함으로 가득하다. 자식들은 키울 때 자식이지 그 자식이 자식을 낳고 나면 또 다른 빈 둥지의 삶이 시작된다. 정신과 전문의사인 이시형 박사는 "만년의 쓸쓸함은 숙명"이라고 했다. 일본 작가 이쓰키 히로유키의 《바람에 날리며》라는 책에 나오는 "인간의 만년이란 것은 쓸쓸한 게 당연한 일이다."를 인용해서 한 말이다. 고독, 외로움, 쓸쓸함은 늙어서 감수해야 할 삶의 한 과정이다. 그것을 애써 피하려고 발버둥 쳐봐야 소용없으니 숙명으로 받아들이라는 뜻이다. 가수 이애란이 〈백세 인생〉을 노래했지만 우리가 언제 100세 장수를 누리게 될 것이라고 생각조차 했겠는가. "인생 칠십 고래희"라 했듯이 70세까지 살아도 감지덕지(?)했던 때가 불과 몇십 년 전의 일이다.

요즘 독거노인 자살 소식을 자주 접한다. 가난과 질병, 자식들의 부모방기, 허술한 사회복지 안전망으로 생긴 복지사각지대의 방치 등이 직접적인 원인이 되겠지만, 견딜 수 없는 쓸쓸함이 더 큰 원인으로 작용했을 것이다.

죽음에 대한 인식도 나라에 따라 다른 것 같다. 일본의 노인들은 누추한 몸을 가족이나 친구에게 보이기 싫어서 깨끗하게 죽는다고 한다. 일본인 특유의 염치문화와 사무라이 정신의 소산이 아닌가 싶다. 한국의 노인은 "내가 저놈들을 어떻게 키웠는데 불효막심한 놈들"이라고 서러워하며 죽는다고 한다. 한국 고유의 유교전통인 충효사상이 노인들의 의식 저변에 깔려 있기 때문이다.

정부의 노인 정책도 충효사상을 근저에 깔고 있다. '부양 의무제'가 그 실체이다. 핵가족화가 급속히 진전되면서 부모와 자식이 같이 사는 대가족제도가 무너진 지 오래되었지만 정부정책조차 유교사상에서 벗어나지 못하고 있다. 기초노령수당의 지급과 함께 각종

| 보통 사람들의 행복 |

노인복지 정책이 집행되어 보편적 복지를 지향하고 있다고는 하지만 현실을 외면한 노인복지의 실상은 초라하기 짝이 없다. 세계 10대 경제 강국의 경제력과는 달리 노인 빈곤율 OECD 1위(61.7%)라는 부끄러운 수치가 그걸 증명하고 있다.

자식이 아무리 잘산다고 해도 부모를 부양하기 싫다면 중국처럼 효도법으로 부모부양을 강제하는 사회주의 국가라면 몰라도 어쩔 도리가 없다. 물론 부모 유산을 상속받고 부양을 방기했다면 법적인 제재수단을 동원할 수 있겠지만 그것도 부모 자식 당사자 간의 부양의무이행 소송절차를 거쳐야 가능한 일이다. 그런데 현 노인세대 중 자식들에게 재산을 물려줄 정도의 재력가가 과연 얼마나 되겠는가. 노인복지는 국가가 책임지는 게 보편적 복지의 첫걸음이다.

새 정부가 들어서면서 노인복지를 비롯한 사회복지 전반에 걸쳐 확대지원 대책을 연일 쏟아내고 있다. 일부 소외계층에서는 환영의 목소리가 높지만, 반대 진영에서는 재원확보 없는 복지정책은 사상누각이요 복지 포퓰리즘이라고 공격한다. 그러나 어느 편의 말이 옳고 그름을 떠나서 고령사회를 맞아 노인복지문제를 개인의 문제로 치부해서는 진정한 의미의 민주복지사회가 아니다.

인간의 삶은 항상 가변적이다. 오늘의 부자가 언제 가난뱅이로 전락할지 모르는 불확실성의 시대에 살아가고 있다. 100세 장수시대를 맞아 노인복지문제는 누구에게나 부닥칠 문제라는 보편적 인식의 전환이 시급한 때이다. 만년의 쓸쓸함을 숙명으로 받아들이되 인간답게 살다가 죽을 권리는 보장되어야 할 것이다.

02

—
노인이 행복한 세상
—

빈집이 늘어간다

올해 서울지역 일반고 신입생 수 저위 1~3등 고교를 보니 1위가 99명, 2위가 105명, 3위가 115명이었다. 2002년 저출산세대가 올해 고교에 진학해서이다. 그런데 시골은 폐교 위기에 처한 학교가 수두룩하다. 서울에 비해 지방은 갈수록 미니학교가 늘어나고 종국에 가서는 정책적으로 1면 1학교라는 비상수단을 동원해야할 지경에 이르렀다. 시골의 엑소더스에 이어 대도심 인구탈출이 점점 가속화되고 있다.

도심의 인구탈출은 결국 빈집의 양산으로 귀결된다. 그런데 서울 강남의 아파트 값은 천정부지로 치솟고 있다. 정부에서 온갖 투기억제 수단을 다 동원해도 꿈쩍도 안 한다. 소위 강남불패의 신화는 지금도 현재진행형이다. 한편 강북지역은 도심 인구감소로 빈집이 늘어나고 있다고 한다. 서울의 양극화 현상이다. 도시지역의 양극화는 결국 계층 간의 갈등과 빈부격차를 심화시킨다.

가끔 볼일이 있어서 고향을 찾을 때가 있다. 내가 살던 동네를

둘러보면 곳곳에 빈집이 보인다. 젊은이들과 아이들은 보이지 않고 등 굽은 늙은 할머니들만 골목길을 지나간다. 허물어져 가는 담장과 떨어져 나간 빈집의 창문을 볼 때마다 배고팠던 어린 시절이 떠올라 가슴이 찡해온다.

어른들은 일 나가고 혼자 빈집에 남아 밀린 숙제를 하며 창 넘어 호수같이 잔잔한 당항만을 바라보고 자랐다. 그땐 골목 어귀마다 사람 소리가 끊이지 않았다. 일 나간 어른들이 돌아오면 동네가 한바탕 시끌벅적했다. 이제 적막감이 감도는 고향 마을을 둘러보면 가슴이 아프다. 돌아와 살 사람이 없는 빈집은 결국 시간이 흐르면 허물어져 사라지고 빈터만 남을 것이다.

도심의 공동화현상은 한국만의 현상이 아니다. 농촌인구의 엑소더스는 산업화 도시화의 산물이다. 그러나 도심 공동화 현상은 절대인구의 감소가 그 원인이다. 1.14명이라는 초저출산국으로 전락한 한국의 인구증가율은 우리의 미래를 위협하고 있다. 이웃나라 일본의 경우 일찍이 초고령사회로 접어든 탓인지 빈집이 전체 가구의 13.5%를 차지하는 820만 채나 된다고 한다. 후지쓰 종합연구소의 추계에 의하면 2033년에는 일본의 빈집은 전체 주택의 30%인 2,015만 채가 될 것이라고 전망한다. 즉 10채 중 3채가 빈집이 되는 셈이다. 젊은 층은 부모의 시골주택과 땅마저 부동산 거품이 사라지자 상속을 꺼리고 팔려고 해도 팔리지 않아 방치하고 있다는 것이다.

이 때문에 지자체에서는 빈집 처리로 골머리를 앓고 있다. 빈집은 방범과 화재의 위험성이 크기 때문에 정리하지 않으면 안 된다. 일본 정부에서는 2015년 '빈집대책 특별조치법'을 전면 시행하여 붕괴위험에 처한 6,400채의 빈집을 주인이 철거하지 않을 경우 행정기관이 강제철거한 뒤 철거비용을 부담시키고 있다. 그러나 이 역시 주소불명이나 우편물 수취거부, 배째라식 버티기로 실효를 거두지 못하고 있다고 한다.

물론 빈집 중 쓸 만한 주택을 이용해 민박, 보육시설, 지역민의 커뮤니티 공간, 문화예술인 창작공간으로 활용하기는 하지만 계속 늘어나는 빈집 처리엔 역부족이라고 한다.

| 보통 사람들의 행복 |

우리나라도 일부 도시생활이 싫어 시골이나 지방도시의 빈집이나 학교시설을 임대하거나 구입하여 활용하는 사람들이 늘어나고 있다. 대개 민박집이나 시골카페, 문학예술인 창작공간으로 활용하거나 노후 삶터로 이용하고 있으나 미미한 수준이다.

지금 정부에서는 서울 강남의 아파트 투기바람을 차단하기 위해 온갖 정책을 총동원하고 있다. 1,400조에 달하는 가계부채의 진원지가 바로 아파트 구입에 따른 융자금 때문이다. 얼마 전 신문보도를 보니 한국의 가계부채비율이 세계 10위 안에 랭크되어 경고음이 울리고 있다. 그런데 아이러니컬하게도 서울 강남 집값은 계속 올라 정부 투기대책을 무색하게 하고 있다. 오히려 이런 부동산 대책으로 실소유자의 주택 구입을 어렵게 하고, 지방의 아파트 값은 곤두박질을 쳐서 죽을 쑤고 있다. 수도권과 지방의 양극화는 아파트 가격에서도 극명하게 드러나고 있는 셈이다.

정부정책이 먹혀들지 않는 서울 강남 아파트 값의 고공행진도 언젠가는 멈추게 될 날이 올 것이다. 일본의 빈집사태에서 보듯이 생산인구의 감소와 초고령사회로의 진입은 아파트에 대한 투기환상을 거품으로 만들 공산이 크다. 이는 요즘 20~30세대들의 욜로족화 현상에서도 읽을 수 있다. 이제 집은 서양처럼 소유개념에서 거주개념으로 변해야 할 때가 된 것 같다. 두 늙은이가 노후에 큰 집에 살면서 관리비용으로 끙끙대다가 죽은 후 자식들이 살지 않는 빈집만 남겨주어서는 안될 것이다.

| 보통 사람들의 행복 |

노인이 행복한 세상

아버지의 뒷모습은 쓸쓸하다

영하 11도의 맹추위가 몰아친 날 서울의 한 낡은 흙집에서 불이 났다. 불타 허물어진 집을 수색하던 소방관 앞에 노인 한 분이 숨진 채 발견되었다. 경찰이 신원을 파악해보니 79세 된 독거노인이었다. 그분은 28년간 군복무 중 베트남 전쟁에도 2년간 참전했다. 전역 후 고엽제 후유증으로 청력을 잃고 거동마저 불편한 몸으로 막일을 하며 지냈다고 한다. 생활이 어려워지자 아내마저 곁을 떠나고 자식들과도 별거하며 혼자 살았다. 정부 기초생활비로 겨우 생계를 꾸리다보니 도시가스도 끊기고 부탄가스로 난방 겸 취사를 하며 살다가 화마를 당했다고 한다. 생전에 그분은 조모의 산소가 있는 전남 목포로 낙향해 살기를 소망했으나 수구초심을 이루지 못하고 끝내 이 세상과 하직했다. 신문기사를 읽으며 가슴이 먹먹해졌다. 경제력을 상실한 독거노인의 비참한 최후, 힘없는 아버지의 뒷모습은 쓸쓸하고 허망했다.

금년 말에 우리나라도 고령사회에 접어든다. 65세 이상 노인인구가 전체 인구의 14%를 넘어서서 730만 명에 이르게 된다. 그중 독거노인이 20%인 140만 명이라고 한다. 문제는 독거노인의 상당수가 빈곤층으로 생활고를 겪고 있다고 한다. 그들은 자식이 있지만 동거하거나 봉양을 받지 못한 채 방기상태에 있다는 것이다. 정부의 기초생활 급여와 노령수당에 의지해 겨우 목숨만 부지하고 있는 셈이다. 이번에 화마로 숨진 그분도 자식은 있었지만 생활비 한 푼 받지 못했다고 한다.

자식들도 살기 힘든 세상이기 때문이었을 것이다. 부모의 삶을 나라에 맡긴 채 손 놓고 있은 셈이다. 이런 독거노인 세대가 어디 이분뿐이겠는가. 해방 후 한국전쟁의 참상과 찢어지게 가난한 삶에 짓눌려 살면서도 어떻게든 살아보겠다고 악전고투한 끝에 자식들은 대학 보내고 출가시켰다. 그러나 정작 자신들은 허물만 남은 채 빈 둥지 신세로 전락했다. 여론조사에 의하면 한국의 은퇴세대 70%가 노후준비를 하지 못했다고 응답했다. 이는 OECD 35개국 중 노인 빈곤율(45.1%) 최상위가 증명하고 있다. 세계 10대 경제강국이며 대외 무역고가 1조 달러에 달하는 나라의 위상과는 너무나 거리가 먼 아이러니가 아닐 수 없다.

사람은 누구나 나이가 들면 늙고 병들어 죽는다. 사람답게 살지 못하고 죽는다면 탄생 그 자체가 비극이다. 물론 이런 모순은 우리나라만 겪는 현상이 아닐 것이다. 그러나 한국은 2차 대전 후 유일무이하게 세계 최빈국에서 경제발전과 민주주의를 동시에 이룩한 국가다. 이처럼 빛나는(?)) 대외 위상과는 달리 노인세대가 홀대받는 천덕꾸러기로 살아가고 있다는 것은 국가적 수치가 아닐 수 없다. TV 화면에 비치는 화려한 서울의 겉모습에 가려진 채 복지의 사각지대에 방기되어 살아가는 쪽방촌 노인들의 초라한 모습을 보면 서글퍼진다. 장수가 축복이 아니라 저주처럼 느껴지는 현실을 어떻게 설명해야 할지 유구무언이다.

내가 잘 아는 지인 중 글을 쓰며 노년을 활발하게 사는 분이 있다. 그분 역시 독거노인이다. 지난해 모 시의 노인대학에서 강의를 하며 들은 애기인데 자식들로부터 정기적으로 생활비나 용돈을 받는 노인은 10%도 채 안 되는 것으로 들었다며 탄식하였다. 물론 추석명절이나 생일 때 얼마간의 용돈을 받는 것은 예외로 치고 한 말이다. 자신은 현역에서 물러난 2년 전부터 자식들로부터 많지는 않지만 일정금액의 용돈을 매월 받고 있다고 했다. 아직 글도 쓰고 최저 생활비 정도는 벌어서 생활하는데 왜 용돈을 받느냐고 물었다. 그분도 전에는 용돈을 받지 않았는데 부정기적으로 수입이 생기다보니 생계불안을 느껴 용돈을 달라고 했다고 한다. 다행히 자녀들이 착해선지(?) 매달 꼬박꼬박 용돈을 보내 생활에 보탬이 된다고 했다.

나이가 들었다고 돈 쓰는 용처가 줄어드는 것은 아니다. 형제들이 많고 사회출입이 많으면 돈 들 일이 많은 법이다. 그러나 이분처럼 나름 자립능력이라도 있는 분이라면 모르지만 70~80대 노인층 대부분이 힘든 시대를 사신 분들이라 자기개발은 엄두도 못 내었다. 그런 희생 덕분에 자식들은 대학까지 공부시켰지만 정작 자신의 노후는 속 빈 강정이 돼 버렸다. 갈 길이 아직 먼 자신의 여생은 고독과 빈곤한 삶뿐이다. 요즘 언론에 자주 보도되는 부모에 대한 자식들의 패륜행위는 더 이상 들먹이기 싫어서 각설한다.

얼마 전 지인으로부터 받은 카톡 메시지 '아버지란 올 장소가 없기에 슬픈 사람이다'라는 글이 구슬픈 배경음악을 깔고 흘러내려 가슴이 찡했다. 마지막 연의 글이 마음을 울린다.

아버지의 가슴은 가을과 겨울을 오고 간다. 아버지의 술잔엔 눈물이 절반이다. 아버지란 뒷동산의 바위 같은 이름이다. 시골마을의 느티나무 같은 크나큰 이름이다.

그래서 아버지의 뒷모습은 쓸쓸하기 그지없나 보다.

노인이 행복한 세상

암보다 무서운 치매

지난 8일 서울의 한 임대주택에서 치매에 걸린 아내를 돌보던 김모 할아버지(74)가 숨진 채 발견됐다. 자살이었다. 3~4년 전부터 아내의 치매증세가 심해져 혼자 돌보기가 힘들어지자 자녀들과 의논하여 요양병원에 입원시켰다. 병원을 드나들며 아내를 돌보던 김 할아버지는 월 70만 원이나 되는 병원비를 자녀들이 분담해서 내는 것이 부담스럽고 미안해 자신의 생활비는 호텔 청소원으로 일해 벌면서 혼자 살아왔다. 그러나 최근 자신마저 치매증세가 보이는 것 같아 고민한 끝에 극단적인 선택을 한 것으로 보인다. 그는 A4용지 절반 크기의 종이에 "치매증상이 나타난다. 자식들에게 미안하다."는 유서를 남기고 이 세상을 하직했다. 부부 중 일방이 치매에 걸린 경우 김 할아버지처럼 간병에 지친 나머지 배우자나 부부가 동반자살하는 일이 비일비재하다.

우리나라의 65세 이상 노인 치매환자 수는 약 72만 명에 이른다고 한다. 노인 인구 730만 명의 약 10%가 치매환자인 셈이다.

| 보통 사람들의 행복 |

이제 치매는 노인에게 한정된 질병이 아니다. 알콜성 치매가 40~50대 중장년층은 물론 젊은이들에게서도 빠른 속도로 증가하고 있다. 소맥에 치킨을 즐기는 젊은 층의 증가와 함께 도수 낮은 소주를 즐기는 여성 음주자의 증가는 알콜성 치매환자의 증가를 부채질하고 있다.

사람이 나이가 들어 병들고 죽는 것은 피할 수 없는 숙명이다. 100세 장수시대를 맞아 수명은 길어졌지만 건강하지 못한 상태로 노년을 살아가는 노인이 늘어나고 있다. 암, 치매, 당뇨, 고지혈증, 심장질환, 관절질환 등 고질병으로 고통받는 노인들의 삶은 장수가 축복이 아닐지도 모른다. 생명에 치명적인 각종 암은 의술의 발달과 조기암 검진에 의한 수술로 치유 성과가 크게 개선되었으나, 치매환자는 오히려 늘어나고 있다. 새 정부에서는 대선공약으로 치매는 국가가 책임지고 관리하겠다고 공약한 바 있다. 이에 따라 여러 후속대책이 추진 중인 것으로 알고 있지만 의료보험 확대적용 외에 근본적인 예방 치료 대책이 없다는 게 문제다. 치매환자 관리에 막대한 건강보험 재정이 투입되고 있으나 환자 가족들에게 지워진 무게는 감당하기 힘들다.

가족 중 누군가 치매에 걸리면 그로 인해 겪는 경제적 · 정신적 고통은 이루 말할 수 없다. 부부 중 일방이나 독거노인이 치매에 걸리면 배우자나 자식들의 절대적인 돌봄이 있어야 한다. 물론 요양병원에 입원시킬 수 있지만 그 부담이 만만치 않다. 앞서 말한 김 할아버지처럼 월 70만 원의 병원비는 적은 돈이 아니다. 물론 앞으로 국가가 의료보험 적용을 확대해서 진료비 부담을 경감시키겠다고 하지만, 당사자나 배우자, 가족들이 감당해야할 정신적 물질적 부담은 작지 않다.

치매환자가 있는 가정은 우선 정신적으로 피폐해지기 마련이다. 치매상태가 호전되어도 온전하게 회복되는 것도 아니고 누군가가 곁에서 돌봐 주어야 한다. 긴병에 효자 없다고 배우자나 가족들이 번갈아 돌본다고 하지만 상태가 오래 지속되면 육체적 · 정신적으로 지치기 마련이다. 치매 환자가 있는 가정은 웃음과 즐거움이 사라진 생활이라 해도 과언이 아니다.

의학계의 연구발표에 의하면 인류 건강의 적인 암은 앞으로 30년 내에 정복될 것이라고 예측한다. 암을 일으키는 원인물질의 발견과 치료기술의 발전으로 인간이 암으로부터 해방될 날이 머지않았음을 예고하고 있는 것이다. 치매 역시 건강한 삶을 파괴하는 암적인 존재임에 틀림없다. 예전엔 치매는 나이가 들면 으레 걸리는 질병으로 간주하여 그냥 방치해 죽는 날만 기다렸다. 그러나 치매 역시 암과 마찬가지로 조기진단에 의한 치유 가능성이 향상되어 가고 있다. 식습관이나 생활방식의 개선으로 치매를 사전에 예방하는 방법들이 연구·개발되고 있다. 특히 치매 조기발견을 위해 혈액, 게놈, 인공지능까지 동원되고 있으며 궁극적으로 치매치료제의 개발을 위해 세계 각국의 의학계가 연구에 몰두하고 있다. 치매는 기억 상실로 인한 피아 인식 불능이라는 인지기능 장애로 인해 실제 암보다 무서운 만성 질병이다. 언제 기억이 되살아날지, 언제 세상을 떠날지 모른 채 기약 없는 내일에 희망조차 걸 수 없는 답답하고 절망적인 질병이다.

오래 사는 게 축복이 아니라 건강하게 살다가 죽는 것이 우리 모두의 소망이다. 모든 질병이 그렇듯이 평소 소식에 규칙적인 운동, 절주와 금연의 실천, 뇌기능 증진을 위한 지적활동 등을 습관화하지 않으면 아무도 치매로부터 자유로울 수가 없다. 자욱한 담배 연기 속에서 부어라 마셔라 하면서 건강해지기를 바라는 것은 산에 가서 고기를 구하는 것이나 다를 바 없다. 건전한 생활습관과 꾸준한 두뇌활동으로 치매의 두려움으로부터 벗어나는 건강한 삶을 누려야겠다.

| 보통 사람들의 행복 |

02

—
노인이 행복한 세상
—

일에 대한 편견

　사람들은 일하지 않고 편하게 놀고먹는 삶에 대한 로망이 있다. 그러나 그것이 현실이 되었을 때는 삶에 대한 의욕을 상실하고 만다. 주변의 지인들 중 오랜 직장생활을 마무리하고 퇴직한 사람들이 살아가는 모습을 보면 잘 알 수 있다.

　우선 직장 생활을 할 때는 자주 만날 기회가 있었지만 퇴직하고 나면 관계가 소원해진다. 어쩌다 몇 년 만에 만나보면 폭삭 삭은 모습을 하고 있는 사람을 본다. 또 어떤 사람은 퇴직 전이나 마찬가지로 얼굴에 화색이 돌고 활기찬 모습을 볼 수 있다. 전자는 일에서 아예 손을 뗀 사람의 모습이고 후자는 계속 일을 하고 있는 사람의 모습이다. 일에는 생계를 위한 일과 성공하기 위한 일, 사명으로서의 일이 있다.

　생계를 위한 일은 직업이다. 먹고살기 위해서는 경제활동을 해야 한다. 가족도 부양해야 하고 나름 사회인으로서 위신을 지키기 위해서는 물질적인 여유가 있어야 한다.

요즘 젊은이들이 밥벌이 일자리가 부족해서 아우성이다. 3포 세대다, 7포 세대다 하면서 직장 구하기가 힘든 현실에 대한 불만을 시니컬하게 빗대어 자조적인 표현을 한다. 생계를 위한 일은 삶에 대한 안정의 추구이고 가장 기본적인 인간의 욕구이다. 성공하기 위한 일은 밥벌이 수단인 직업과는 차원이 다른 일이다. 어떤 분야에서 사회적으로 명성을 얻고 싶은 큰 욕망의 성취를 말한다.

기업의 최고 경영자가 되거나, 뛰어난 연구실적으로 학자가 된다거나, 정치판에 뛰어들어 위대한 정치가가 되는 것 등 일반적인 직업으로서의 일과는 차원이 높은 경지의 일을 말한다. 물론 그 성공이 직업적일 수도 있고 아닐 수도 있다. 사명감으로서의 일은 사회나 국가나 조직에 대한 봉사와 헌신이다. 국민의 4대 의무를 다하는 것이나 사회적 약자나 병자를 대가 없이 돌보거나 보살피는 일 등이다.

아무튼 직업으로서의 일과 성공이나 사명감으로서의 일 모두가 일한다는 것이 삶을 풍요롭게 하고 자신이 당당한 사회의 일원으로서 역할을 다하고 있다는 만족감을 느낄 수 있게 한다. 그러나 직업으로서의 일의 경우 대개 불만족스럽게 생각하는 편견이 의식의 저편에 똬리를 틀고 있다. 매일 변화 없이 반복되는 일에서 느끼는 지루함이나 권태로 인하여 일하기 싫다는 충동을 수시로 느낀다. 어느 날 갑자기 잘 다니던 직장을 그만두고 엉뚱한 일에 뛰어드는 사람들이 있다. 이럴 경우 가족들의 불안과 걱정으로 집안의 평화가 깨어지기 십상이다.

사람이 생계유지 수단으로 선택하는 직업은 자신의 의지와 선호도, 성격, 적성과는 무관하게 결정되는 경우가 대부분이다. 그런 경향은 경쟁이 심해지는 현대 사회에서 더욱 심화되고 있다. 내가 하고 싶은 일은 글을 쓰는 일인데 전업으로 생계를 유지할 수 있는 사람은 10%도 안 된다. 그러니 할 수 없이 안정적인 직업인 기업체에 취직해서 생계대책을 꾸린다. 하지만 남들이 선망하는 직장도 오래되고 내 적성에 맞지 않거나 기대한 성취감을 느끼지 못하면 정신적으로 육체적으로 심한 스트레스를 받는다. 그리고 직업에 대한 사회적 편견 또한 무시할 수 없다. 청소직의 경우 대개 더럽고 힘든 일이라 사회적 평판이 별로 좋지 않은 건 사실이다. 그러나 깔끔한 성격이나 정리정돈을 잘하는 사람에겐 그 직업이 적성에 맞는 것이다. 남이 우러러보는 고관대작이나 재벌일지라도 자기 직업에 만족하거나 일에 대한 행복감을 느끼지 못하는 사람들이 의외로 많다. 반면 길거리에서 낙엽을 쓸면서 청소를 하면서도 휘파람을 불며 즐겁게 일하는 사람을 볼 수 있다. 이처럼 일에 대한 편견은 그 사회가 흘러온 전통이나 역사성에 기인한 바가 크다.

우리나라의 경우 조선 5백 년 동안 유교사상에 지배되어 관존민비와 사농공상이라는 계급제가 형성된 사회였기 때문에 육체적인 일을 천하게 여기는 편견이 있다. 그래서 직업선택에도 블루칼라보다 화이트칼라를 선호하고 중소기업보다 대기업을 선호한다. 그러나 막상 그들이 선택한 직장에서 정년퇴직하고 나면 오히려 편견에 좌우되어 선택한 직업의 사회적 평판이나 명분이 역전되는 경우가 대부분이다. 화이트칼라의 경우 퇴직하고 나면 갈 곳이 없다. 일은 더 하고 싶은데 받아주는 곳이 없기 때문이다.

100세 장수시대를 맞아 정년도 60세로 연장되었다. 앞으로 70세가 정년이 될 날도 머지 않았다. 기술을 배운 블루칼라 출신들은 자신이 직장에서 쌓은 수십 년의 노하우를 필요로 하는 곳이 많기 때문에 쉽게 재취업하거나 실패 없는 자영업을 할 수 있다. 화이트칼라의 경우 특별한 자격증이 있으면 몰라도 없으면 마땅히 할 일이 없어 퇴직금을 음식점이나 프랜차이즈 등에 투자했다가 실패하는 경우가 대부분이다. 이처럼 직업 선택에 있어서 사회적 편견에 좌우되어 선택하면 그 직업으로 성공하기도 힘들도 일에 대한 만족감의 결핍으로 행복한 삶을 살았다고 자축하기 힘들다.

진심으로 일을 사랑할 때 그 일이 노동이라는 고통에서 오락이라는 즐거움으로 바뀐다. 일을 어쩔 수 없는 부담으로 생각하면 그것은 두 어깨를 짓누르는 삶의 무게가 되어 고통스럽기만 하다. 따라서 우리에게 지금 필요한 것은 일에 대한 편견을 버리는 관점의 전환이라 할 수 있다.

요즘 예전엔 거들떠보지도 않던 공공기관 청소직(환경미화원)이 인기 급상승이라고 한다. 일종의 일에 대한 사회적 편견이 서서히 무너지고 있다는 증거이다. 공직도 마찬가지다. 30여 년 전에는 초급 공무원인 지방행정직, 경찰직, 소방직, 초등학교 교사는 지원자가 적어서 인력 채용에 애를 먹었다. 그러나 지금은 최고 인기 직종으로 급부상한 것만 보아도 일에 대한 사회적 편견은 영구불변한 것이 아님을 알 수 있다.

우리가 일이 업보가 아니라 내게 준 귀한 선물로 보는 순간, 일 자체가 즐겁고 소중할 뿐만 아니라 그 일을 통해서 행복을 얻게 되는 것이다. 일에 대한 편견을 바꾸는 것이 일로부터 행복을 찾을 수 있는 지름길임을 알아야겠다.

02

평생학습과 치매예방

평생학습 왜 해야 하는가

—
노인이 행복한 세상
—

우리나라의 고령화 추세는 세계 으뜸이다. 선진국들이 50~100년에 걸쳐 서서히 진행된 것에 비교하면 초고속으로 고령화 사회로 접어들고 있다. 2017년이면 총인구의 15%가 노인이 되는 고령사회가 되고 , 2026년이면 총인구의 20%가 노인이 되는 초고령사회로 접어든다고 한다. 이웃 나라 일본은 노인 인구가 30%를 넘어선 초고령사회가 되었다. 그 뒤를 우리나라가 바짝 뒤쫓고 있다. 더욱이 베이비붐 세대인 1955~1966년생들의 집단 은퇴가 금년부터 시작되었다. 우리나라의 베이비붐 세대는 800만에 이르러 총인구의 6분의 1에 해당한다. 앞으로 10여 년 동안 한 해 80만 명에 이르는 은퇴자가 쏟아져 나온다는 뜻이다. 따라서 노인인구는 급격히 불어나게 되는 것이다. 이처럼 인구 고령화에 따른 치매 환자수의 증가는 불을 보듯 뻔하다.

우리나라의 치매 환자수는 현재 61만 명에 이른다고 한다. 치매인지 구분하기 힘든 잠재성 환자까지 포함하면 그 이상이 될 것이다. 15분당 1명씩 치매환자가 발생하고 있으며, 10년 뒤엔 100만 명을 넘어설 것이라고 한다. 치매 환자의 남녀비율은 여성이 남성보다 2.4배 높다고 하는데 이는 여성의 수명이 길기 때문인 것 같다. 치매 진료를 위해 지출되는 의료비가 한 해 1조 1,600억에 달해 건강보험 재정에도 적신호를 보내고 있다. 그러나 무엇보다도 환자 가족이 겪는 정신적·물질적 고통이 더 큰 문제다. 나이 들어 부부가 함께 살다가 한쪽이 치매에 걸리면 간병하는 입장이 된 배우자의 고통은 이루 말할 수가 없다. 장기간의 간병으로 심신이 지친 배우자가 환자를 죽이고 자신도 자살하는 사건이 종종 발생하고 있어 심각한 사회문제가 되고 있다. 노인치매를 한 가족의 문제로 방기할 수 없는 이유가 바로 여기에 있다.

치매의 종류에는 무엇이 있는지 알아보자. 먼저 알츠하이머병이다. 비정상적인 물질이 모여 있는 집합체인 노인성반과 신경세포 안에서 신경원섬유들이 비정상적으로 꼬여 있어 발생한다. 두 번째로 혈관성치매로 뇌혈관이 막히거나 좁아진 것이 원인으로 반복되는 뇌졸중에 의해서도 생긴다. 그 밖에 파킨슨씨병에 의한 치매, 루이소체치매 등 다양한 치매가 있지만 우리가 흔히 말하는 치매란 보통 알츠하이머병을 지칭한다.

치매는 자신도 모르게 서서히 다가오는 장수시대의 무서운 복병이다. 18년이라는 긴 시간이 지난 후 발생한다는 것이 더 큰 문제다. 70세에 치매가 발생했다면 52세 때 이 병증이 시작되었다는 것이다. 아마 여러분이나 나 중 어느 누군가가 자각하지 못하는 치매증상이 시작되고 있다는 것을 생각하면 얼마나 끔찍한가. 상상하기조차 싫은 무서운 병증의 시작을 모른 채 하루하루를 살아가고 있는 것이다. 인생의 황금기에 몹쓸 병이 시작된다니 믿기지가 않는다. 이런 추세라면 앞으로 본인, 처가, 양가 중 한 가족이 치매환자를 둔 가정이 될 거라니 생각만 해도 끔찍하다. 치매예방을 위한 여러 가지 식생활습관이나 의학적 치료연구가 활발하게 진행되고 있지만 무엇보다도 기억력의 증진을 위한 개인

적인 노력이 뒤따라야 한다는 것이다. 여기에 평생학습 습관의 중요성이 대두되는 것이다.

최근 우리나라 학자들이 미국 신경과학회에 연구 · 보고한 자료에 의하면 나이를 먹어도 꾸준히 공부하면 치매가 예방된다고 하여 주목받고 있다. 연구팀이 12년 이상 꾸준히 학습한 그룹(982명)과 12년 이하 건성으로 학습한 그룹(977명)의 대뇌피질 두께를 측정하여 비교한 결과, 전자가 후자보다 대뇌피질 두께의 감소가 적어 건강한 뇌 상태를 유지했다고 한다. 치매는 기억력의 창고인 대뇌피질의 두께가 나이가 들면서 점차 얇아져서 생기는 증상이다. 따라서 평생학습은 장수시대를 사는 현대인들이 반드시 실천해야 할 생활습관이다. 건강하게 오래 산다는 것은 축복이다. 그러나 질병으로 고통받는 장수는 축복이 아니라 저주이다. 치매환자로 병상에 누워 10년을 더 산다는 게 무슨 의미가 있겠는가.

　그런데 우리의 일상은 어떤가. 한국인의 독서인구 비율은 세계 꼴찌 수준이다. 젊은이도 중장년 세대도 학교를 졸업하고 나면 책과는 아예 담을 쌓고 산다. 노인들은 말할 필요도 없다. 근래 평생교육이 붐을 이루고 있다. 각종 성인 강좌가 우후죽순처럼 개설되어 너도나도 열심히 다니고 있다. 노래교실부터 악기연주, 춤, 사진강좌 등 종류도 가지가지다. 그러나 머리를 쓰는, 기억력을 증진시키는 분야는 별로 인기가 없다. 그냥 놀며 즐기는 쪽으로 많이 몰리고 있다. 물론 그런 취미강좌도 뇌 건강 증진에 어느 정도 도움은 된다. 머리가 좀 지끈거려도 기억력을 증진시키는 외국어 공부나 두뇌를 활성화시키는 연구분야는 꺼린다. 왜냐하면 공부란 꾸준히 해야 하는데 중도에 포기하는 경우가 많기 때문이다. 의지력이 약하다는 증거다. 독서나 학습은 습관 들이기 나름이다. 나이 들어서 무리한 운동은 건강을 해치기 십상이다. 평생학습을 해야 기억력을 획기적으로 증진시킬 수가 있다. 10개년 계획을 세워 평생 하고 싶었던 분야에 도전해 보는 것도 건강하고 가치 있는 노년을 사는 지름길이 될 것이다. 따라서 급속히 진전되고 있는 고령화 사회의 어두운 그림자인 치매예방을 위해 건강보험재정의 효율적인 운용과 노인문제에 대한 사회 각계각층의 인식 전환, 건강한 노년을 보내는 각 개인의 노력 즉, 평생학습 습관으로 건강하고 행복한 노후를 보낼 수 있도록 노력해야 할 것이다. 노인성 치매는 정부나 가정 일방의 문제가 아니라 100세 장수 시대를 맞아 모든 세대가 풀어야 할 인류 공통의 당면과제라는 것은 다시 한번 강조되어야 할 것이다.

노인이 행복한 세상

은퇴남편 증후군

한국 남자들이 평생 근무하던 직장에서 은퇴하는 나이는 대개 55~60세이다. 일에서 해방되어 자유로운 삶을 누리라는 사회계약이다. 그런데 최근 은퇴한 남편과 함께 사는 게 어떠냐는 설문 조사에 응한 여성의 72%가 부담스럽다고 응답했다고 한다. 지금까지 30여 년을 남편 비위 맞추며 살아왔는데 또 3~40년을 수발하며 살 것을 생각하면 숨이 막힌다는 것이다. 수긍이 가는 답변이다.

요즘 은퇴남편을 풍자하는 시니컬한 말이 있어 나열해 본다. 하루 세끼 식사를 꼬박 챙겨먹는 이혼 대상 1호인 삼식이 남, 매일 파자마 바람으로 거실을 서성대며 빈둥거리는 공포의 거실 남, 어디 외출이라도 하려면 어디에 누굴 만나러 가느냐고 꼬치꼬치 캐묻는 아내 의심 남, 이것저것 간섭하며 쉴 사이 없이 늘어놓는 잔소리 남 등 많다. 젊었을 땐 자식과 남편 뒷바라지하느라 등골이 빠져서 이제 좀 자유롭게 살고 싶은데, 은퇴남편이 온종일 발목을 잡고 있으니 답답하기 짝이 없다.

이처럼 은퇴남편의 '놀아줘! 밥 줘!' 투정에 스트레스를 받아 온몸이 아프고 신경이 날카로워져 나타나는 증상을 '은퇴남편 증후군'이라고 한다. 물론 조금 과장된 의학적 표현이기는 하지만, 은퇴남편과 함께 살며 느끼는 심적 갈등이 크다는 것을 뜻한다. 물론 남자의 입장에서는 억울한 면도 있다. 가족들 먹여살린다고 죽기 살기로 일한 후의 대접이 이렇게 박해서 되겠냐고 항변할 것이다. 그러나 생각해 보면 모두가 자업자득이다. 아내 대하기를 돌(?)같이 했으니 인과응보인 셈이다.

이제 우리나라도 65세 이상 노인 인구가 560만 명에 이를 만큼 고령화 사회가 되었다. 너무 급속히 진전된 고령화로 은퇴 후 부부생활에 적신호가 켜지고 있다. 근래 황혼이혼의 급증이 이를 증명하고 있다. 그러면 은퇴 후 남자들이 아내 의존증으로 받는 푸대접과 은퇴증후군인 허탈감과 무기력증에서 벗어나려면 어떻게 해야 할까. 무엇보다도 새로운 소일거리나 취미생활을 시작해야 한다. 특히 가사에 적극적으로 참여해야 한다. 점심 정도는 스스로 챙겨먹고, 간단한 요리법도 배워야 한다. 집안일을 마지못해 억지로 할 것이 아니라 즐거운 마음으로 아내와 분담해야 한다. 아내의 사생활에 대한 간섭은 금물이며 배려와 관심 정도에 그쳐야 한다. 아내의 자기개발을 적극 권장하여 늦깎이공부를 지원해 주면 부부간의 대화시간도 늘릴 수 있다.

우리보다 고령화가 더 진전된 일본은 은퇴남편 교육프로그램이 다양하게 마련되어 시행되고 있다고 한다. 우리도 서둘러서 좋은 사례들을 벤치마킹해야 할 것이다.

고령화 사회에서 부부 갈등의 근본적인 해결법은 부부가 공평해지는 것에서 출발해야 한다는 것을 명심해야 할 것이다.

| 보통 사람들의 행복 |

노인이 행복한 세상

고령화 사회의 그늘

우리나라의 고령화 속도는 세계에서 그 유례를 찾아보기 힘들 정도로 빨리 진행되고 있다. 2000년에 고령화 사회(전 인구의 7%)로 접어든 한국은 2016년에 고령사회(14%), 2026년이면 초고령사회(20%)가 될 것이라고 전망하고 있다.

서구 선진국들의 고령화 속도를 보면 대개 40~110년이 걸렸으며, 빠르다는 일본도 24년이나 걸렸다. 지금 우리나라의 고령화 속도를 보면 아마 20년도 되지 않아 초고령사회가 되지 않을까 예상된다. 고령화 추세는 기대수명에도 그대로 반영되고 있다. 평균기대수명도 81.1년으로 OECD평균(80.1년)보다 길다. 특히 여성은 84.5년으로 OECD평균(82.8년)보다 길며, 남성은 77.7년으로 OECD평균수준(77.3년)이다. 그러나 장수국가가 된 한국은 기대수명의 연장과 함께 고령화의 급진전으로 많은 문제점이 노정되고 있다. 예전엔 노인문제는 가정사일 뿐 국가나 사회적 이슈가 되지 않았다. 유교적 전통에 따라 부모는 자식이 봉양하는 것을 당연한 것으로 생각했다. 그러나 서구화된 우리 사회는 핵가족화로 가족해체가 급격히 진행되었다. 이제 부모 부양 여부는 의무가 아닌 자식 된 도리 정도로 인식하기에 이르렀다.

부모 또한 굳이 자식과 함께 살기를 원치 않는 것 같다. 치열한 경쟁사회에서 살아남기 위해 힘겹게 사는 자식들에게 짐이 되기 싫은 것이다. 그런데 문제는 자립할 수 있는 노후대책이 없다는 것과 질병으로 고통받고 있다는 것이다.

최근 심심찮게 보도되는 치매환자와 돌봄 배우자의 동반자살은 고령화 사회의 그늘진 모습이다. 각종 노인성 질환은 나이가 들면 대부분의 노인들이 겪는 과정이다. 건강보험으로 경미한 질병은 어느 정도 버텨 나갈 수 있지만, 노인성 치매의 경우 환자 당사자뿐만 아니라 그 가족 모두에게 엄청난 정신적 경제적 고통을 안겨 주고 있다. 우리나라의 치매 환자수는 노인 인구의 10%(56만 명)를 차질할 만큼 위험한 수준에 이르고 있어 장차 국가건강보험재정에도 큰 압박요인으로 작용할 것이다.

노인문제는 비단 건강보험 문제만이 아니다. 길어진 수명만큼 퇴직 후의 노후생활도 큰 문제다. 55~60세 전후에 퇴직한 은퇴자들은 일은 하고 싶은데 마땅히 일할 곳이 없다. 물론 청년실업문제로 골머리를 앓고 있는데 노인실업이 뭐가 급하냐고 할지 모르지만, 건강한 노후는 건강한 일터에서 자신의 존재가치를 느끼며 일할 때 생기기 때문이다. 보수의 다과가 문제가 아니다. 소일거리로 손자 용돈도 벌면서 즐겁게 일할 수 있는 환경을 만들어 주는 게 무엇보다도 급선무이다.

이는 건강보험 재정압박도 줄이고 자식들에게 부모 봉양의 부담도 주지 않는 일석다조의 노인대책으로 보람 있는 노년을 살 수 있는 밑바탕을 제공해 주는 길이다.

궁핍한 고난의 시절을 살았던 노인세대들이 이룩한 오늘의 발전을 다 함께 누리면서 살 수 있는 방법을 서로 머리를 맞대고 생각해 보자.

노인이 행복한 세상

행복한 노후를 위하여

행복이란 무엇인가. 행복의 개념은 추상적이고 주관적이다. 고대광실 높은 집에 포르쉐를 타고 다녀도 행복하지 않다는 사람이 있는가 하면 온갖 허드렛일을 하며 힘겹게 살아도 행복하다고 생각하는 사람이 있다. 남이 보는 행복과 내가 느끼는 행복이 다르다는 뜻이다.

행복의 조건들은 다양하다. 돈, 권력(명예), 사랑, 건강, 가족 간의 관계, 부부관계, 우정, 취미, 자녀, 직업 등등 많을 것이다. 행복의 조건은 필요조건이 충족된 상태에서 충분조건까지 충족했다면 보편적 의미의 행복이라고 할 수 있다. 사람들이 가장 집착하는 돈과 권력은 필요조건이 될지언정 충분조건은 못 된다. 돈과 권력은 한시적이기 때문이다.

지금 우리나라에는 사람들이 스스로 행복하다고 생각하는 사람은 적은 것 같다. 우리 국민의 행복지수는 세계 190여 개 나라 중 118위로 하위권에 속해 있다. 2015년 유엔이 정한 '세계 행복의 날'인 3월 20일 143개 나라를 대상으로 '당신은 얼마나 행복합니까'라는 설문조사에서 한국은 100점 만점에 59점(세계 평균 71점)으로 낙제 점수를 받았다. 삶의 질 또한 OECD 34개국 중 29위로 꼴찌 수준이다.

왜 우리나라의 행복지수와 삶의 질이 이렇게 낮게 나왔을까. 그 이유는 다양하겠지만 압축 성장에 따른 급격한 사회변화에의 부적응, 빈부격차의 심화, 치열한 경쟁사회에서 뒤처짐, 은퇴 후 노후준비 부족에서 오는 불안감, 청년 실업난, 남녀 불평등 등등 여러 가지 독립변수들이 있을 것이다.

행복의 구체적 조건과 실행방법은 무엇일까. 가장 먼저 건강을 손꼽을 수 있을 것이다. 우리나라의 평균기대 수명은 82세로 선진국과 비슷하다. 가히 100세 장수시대에 접어든 느낌이다. 그러나 건강수명은 73세로 65세 이상 노인의 25% 정도가 건강하고 나머지 75%는 병치레로 생명을 연장하고 있는 셈이다.

이처럼 건강하지 않은 노인세대는 각종 노인성 질환인 치매, 당뇨, 고혈압 등으로 고생하고 있다. 몸이 건강하지 않으면 행복한 생활은 그림의 떡이다. 근래 10여 년을 배우자 간병을 하다 지친 나머지 동반자살하는 사고가 발생하고 있다. 현재 우리나라의 치매환자가 61만 명인데 2025년이 되면 100만 명으로 늘어날 거라고 한다. 건강은 행복한 삶의 첫걸음이다.

다음은 경제문제이다. 청년백수 100만 시대를 맞아 젊은 세대의 빈곤화와 함께 은퇴세대의 파산도 4명 중 1명으로 늘어나는 추세이다. 노후 준비가 덜 된 5060 세대의 파산은 심각한 사회문제로 대두되고 있다. 젊은 사람들은 그래도 근로능력이 있어서 부채나 생활비 조달이 가능하지만 근로능력을 상실한 노인세대는 속수무책이다. 우리나라 노인의 빈곤율은 49.6%로 OECD국가 중 1위(평균 12.6%)이다. 일에서 손을 떼야 할 노인취업자 수는 갈수록 늘어나는 추세이다.

끝으로 자식, 부부, 가족 문제이다. 자식들과의 동거는 이제 옛이야기가 된 지 오래다.

| 보통 사람들의 행복 |

부모봉양은 의무사항이 아니라 선택사항이 되었다. 그런데 문제는 청년실업의 심화로 나이 든 미혼 자식들을 역으로 돌봐야 할 노인세대들이 늘고 있다는 것이다. 부부관계는 어떠한가. 이혼율이 30%를 넘어서고 그중 황혼이혼이 젊은 층의 이혼율을 앞질러 3배나 증가하고 있다. 황혼이혼에 이어 요즘 법적결혼 상태는 유지한 채 별거하는 졸혼이 유행하고 있으며, 일본에서는 사후이혼(죽은 남편과의 이혼)도 생겨나고 있다고 한다. 검은 머리 파뿌리 될 때까지 함께 살아야 한다는 결혼서약은 이제 전설로만 남았다.

자식과 부모, 부부관계에 대한 시니컬한 유머들이 난무하는 세상에 과연 행복한 노후의 삶은 실현 불가능한 일인가. 얼마 전 64년 만에 첫사랑의 꿈을 이룬 노부부에 대한 기사를 읽고 가슴이 짠했다. 80대 치매남편은 성탄절에 트리에 단 방울에 난생처음 아내에게 사랑한다는 글을 적어 놓아 눈물을 쏟았다는 감동기사도 읽었다. 어느 행복 전도사 부부는 행복이란 양치질하듯 하루 세 번 가꾸는 것이라고 했다. 철학가이자 수필가인 김형석 교수(97세)는 인생의 최절정기는 60세~75세라면서 늦었다고 사랑을 포기하지 말라고 했다.

이제 우리는 성장시대를 넘어 행복시대로 우리의 삶을 바꿀 때가 되었다. 행복하다고 말하기, 칭찬하기, 요리 배우기, 자원봉사와 기부하기, 문화스포츠 등 취미 생활하기, 새로운 경험에 도전하기, 10~20년 뒤 자신의 모습 그려보기 등 작지만 행복 가꾸기 연습을 실천해야겠다. 돈과 권력(명예)은 일시적 착시현상일 뿐 궁극적인 행복의 조건은 아니다. 자신만이 꿈꾸는 세상. 내가 하고 싶은 일을 찾아 도전하는 삶에서 진정한 노후의 행복을 느낄 수 있지 않을까.

03

사
랑
의

시
작
과

끝

03

— 사랑의 시작과 끝 —

사랑이 싹틀 때

"죽도록 외롭던 내가 세상에 처음 나와 만난 사람이 이동욱이
었다. 우리가 처음 만나던 날, 다친 내 발을 손수건으로 싸매주는
동욱 씨를 보며 얼어붙었던 내 가슴이 처음으로 따뜻하게 녹아 내
렸다."

—드라마 〈에덴의 동쪽〉에서

세상에는 여러 종류의 사랑이 있다.

누군가로부터 사랑이라는 느낌을 받게 되는 계기는 무척 다양
하다.

겉으로 보기에 넘치는 사랑을 받으며

화려한 삶을 살아온 것처럼 보이는 사람도

그 속을 들여다보면 얼음장같이 차가운 외로움

속에서 살아온 삶이었다는 사실에 놀란다.

사랑이란 삶의 형태에 따라 각기 다른 모습으로
우리 눈에 비춰지기 마련이다.
가진 것은 적어도 사람 냄새 나는 가족적인 따뜻한
사랑을 느끼며 사는가 하면, 재벌처럼 살면서도
사랑에 배고픈 차가운 삶을 사는 가시적인 삶도 있다.

죽고 싶도록 외로운 삶이 작은 배려와 따뜻한 눈길,
정겨운 말 한마디에 진한 감동을 느낀다.
자신의 존재가치와 행복하다는 느낌을 받을 때
비로소 사랑이라는 감정이 싹트기 시작한다.
사랑은 따뜻함이 몸과 마음에 느껴질 때 생기니까.

03

사랑의 시작과 끝

사랑의 세레나데

10대의 사랑은
풋사과처럼 수줍고 싱그럽다.
호기심으로 가득한 무모한
첫사랑을 꿈꾼다.

20대의 사랑은
앵두빛같이 붉고 강렬하다.
사랑의 방식 또한 뜨거워
앞뒤 가리지 않고 거침없다.

30대의 사랑은
성숙된 장밋빛 사랑이다.
도도함과 격정의 극치를 이루며
한번 불붙은 사랑은 쉬 꺼지지 않는다.

40대의 사랑은

보일 듯 말 듯 은빛 사랑이다.

갈대처럼 바람결에 흔들리지만

좀체로 꺾이지 않는 불혹의 사랑이다.

50대의 사랑은

풍요로운 황금빛 사랑이다.

고상함이 배인 완숙미의 극치미여

이상적인 플라토닉 사랑을 꿈꾼다.

60대 이후의 사랑은

가을 낙엽 같은 쓸쓸한 사랑이다.

잿빛 추억을 조금씩 갉아먹고 사는

고독한 산책가의 그림자 같은 사랑이다.

03 — 사랑의 시작과 끝 —

사랑의 기회

지금 아니면 다시 없는 것.
진실한 사랑의 기회는 그리 자주 있는 것이 아니다.
어쩌면 제대로 사랑도 못하고
허망한 세월 속에 묻혀 갈지도 모른다.
젊음이 가고 청춘이 가고 세월이 다 흘러가도,
사람의 쓸쓸한 가슴을 어루만지고 위로하는 것.
바로 사랑이며 사랑받은 추억이다.

—신현림 시인

그렇습니다.
자신의 일생에 몇 번일지 모르지만,
사랑의 기회는 찾아오게 마련입니다.
그러나 아둔해서 눈치를 채지 못하거나,
용기가 없어 그 기회를 놓치기 일쑤지요.
괜히 무안당하거나 망신당하지 않을까.

망설이고 점잖만 빼고 기다리다가,
그 절절한 마음을 전달하지 못한 채
생각 속에만 맴돌다가 허송세월하지요.

설령 사랑의 기회를 포착했더라도,
자신의 의지가 확고하지 못하면
결코 이루어낼 수 없는 것이 사랑이지요.
"나는 당신을 사랑합니다."
이 말이 쉽게 입에서 떨어지지 않지요.
자존심에 상처를 입을까봐,
재고 계산하고 망설이는 사이
그 사랑은 이미 저만치 멀어져 가 버리지요.

어둠이 내린 거리를 우산을 받쳐 들고
물안개 내린 호숫가를 따라 쓸쓸히 거닐며,
외로움에 지쳐 눈물 한 방울 떨구지요.
사랑하고 싶지만 내겐 그럴 용기가 없다고,
혼자 중얼거리며 하염없이 내리는 빗속을
정신없이 헤매이길 수없이 반복하지요.
사랑은 시간을 잡아 두지 않습니다.
내가 사랑하고 싶을 때 사랑하세요.
먼 훗날 사랑 없이 보낸 세월을 후회하며
목놓아 통곡하지 말고……

| 보통 사람들의 행복 |

03

사랑의 시작과 끝

진정으로 사랑하라

사랑하지 않으면서 사랑하는 척하지 마라.
그건 상대방에 대한 얕은 속임수에 불과하다.
진정성이 없는 사랑은 허세로 가득 차 있다.
없으면서 있는 척, 무식하면서 유식한 척,
못났으면서 잘난 척하며 상대방을 기만한다.
사랑하는 사람에게 함부로 말하지 마라.
생각 없이 내뱉는 교양 없는 말에 절망한다.

사랑하는 사람 사이에는 서로에 대한 기대감이 있다.
내가 이 정도의 말을 하면 이해해 주겠지,
내가 이 정도의 부탁을 하면 들어 주겠지,
물론 그 도를 넘어서면 부담으로 작용하기도 한다.
하지만 사랑하는 사이에는 그 한도라는 게 애매모호하다.

정신적으로나 물질적으로 한없이 주어버려도 아깝지 않기 때
문이다.

112

그게 아깝고 부담스럽다고 느껴지면 그 사랑은 진정한 사랑이 아니다.
상대방이 좋아하는 것, 즐기는 것을 즐겁게 기꺼이 해줌으로써
내가 행복하다고 느껴야 그게 바로 진정한 사랑이다.
마지못해 정 때문에 겉으로 그런 척하는 사랑은 사랑이 아니다.
그건 거래관계이며 지극히 계산적인 만남에 불과하다.

안 만나면 멀어진다는 말처럼 계산적인 만남은 그 관계가
아무리 깊었더라도 만남이 뜸해지면 금세 끝나고 만다.
그건 상대방의 이용가치에 따라 행해지는 이해관계에 불과하다.
또한 상대방에 대한 동정심에서 생긴 연민은 상황의 변화에 따라
지극히 공식적인 관계로 끝나고 만다.
그건 언제나 심적 변화가 일어날 잠재력을 내포하고 있으니까.

사랑하는 사이라면 절대 충고하거나 훈육조로 말하지 마라.
그 충고가 아무리 정당하다고 해도 듣는 사람의 자존심을 건드린다.
특히 상대방의 약점을 찌를 땐 사랑이 식고 만다.
부부 사이건, 연인 사이건 상대방의 뜻을 존중해줄 때 사랑의 감정은 깊어진다.
당신이 알아서 하셔요. 그렇게 하셔요. 해 드리지요. 그러는 게 좋을 것 같네요.
이런 말로 상대방을 편안하게 해 주는 게 진정으로 사랑하는 마음이다.
뭐하려고, 왜요, 쓸데없는 소리, 배부른 소리 하네, 부담되네요, 못해요, 안돼요.
이와 같은 부정적인 말들은 사랑의 감정을 일시에 식게 한다.

누군가 나를 사랑한다고 할 때 그 사랑을 피하지 말라.
후회 없는 인생이 되도록 진정 미치도록 사랑하고 사랑하라.
죽음의 검은 그림자가 그대 창문 앞에 어른거릴 때
사랑 같은 사랑 한번 못해 보았다고 후회하지 말고.

| 보통 사람들의 행복 |

03 — 사랑의 시작과 끝 —

행복한 사랑

"행복한 사랑을 모르는 이들이여!

행복한 사랑은 어디에도 없다고 큰소리로 외쳐라.

그런 확신만 있으면 살아가는 일도 죽는 일도

한결 견디기 쉬울 테니까"

—시인 쉼보르스카의 〈행복한 사랑〉에서

누구나 행복한 사랑을 꿈꾸고 염원한다.

신기루 같은 그런 사랑을 붙잡기 위해

수단 방법을 가리지 않고 집착한다.

남의 사랑을 시샘하고, 친구의 사랑을 훔치며,

심지어 이룰 수 없는 사랑에 절망한 나머지 자살까지 시도한다.

그러나 영원히 행복한 사랑은 이 세상에 존재하지 않는다.
우린 시간이라는 한계를 뛰어넘을 수 없는 유한한 존재다.
구름처럼 다가와 잠시 머물다 핏빛 석양 속으로 사라지는
갈 길 잃은 나그네 같은 허망한 존재일 뿐이다.

삶에 너무 의미를 부여하지 말자.
행복도 불행도 각자 생각 나름 아닌가.
이 세상에 영원한 것은 아무것도 없으니까.

| 보통 사람들의 행복 |

03

사랑의 시작과 끝

열정과 조건

사랑에서
열정과 조건은 어떤 관계일까.

열정이 우선일까, 아니면 조건이 우선일까.
사랑에서 열정과 조건은 항상 이율배반적이다.

조건이 안 맞으면 사랑이 깨어진다.
열정이 없으면 그 역시 사랑이 깨어진다.

둘의 관계는 수레바퀴처럼 평행선을 유지하면서
상호 모순적 갈등관계를 지속한다.

지위나 돈은 눈에 보이는 현실적인 매력요소다.
그러나 그게 열정까지 보장하지는 않는다.

첫사랑이 이뤄지기를 간절히 갈망하지만
이뤄지지 않는 것과 흡사한 상황이다.

조건이 먼저냐, 열정이 먼저냐 하는 논쟁은
적어도 사랑이라는 정서적 교감에서는 실익이 없다.

열정이 조건을 뛰어넘는 상황이 무시로 일어나고,
또 그 열정이 조건에 함몰되는 상황도 비일비재하다.

사랑은 가장 고전적인 인간관계의 전형이면서도,
가장 통속적인 남녀관계의 산물이기도 하다.

열정에 목말라하면서도, 조건에 연연하는 것이 사랑이고,
조건에 갈등하면서도, 열정에 미련을 갖는 게 인생이다.

시대를 초월한 세기적 러브 스토리는 열정이
조건을 초월한 사건이지만, 결국 인간적 한계는 뛰어넘지 못한다.

열정이냐 조건이냐의 갈등은 인간의 본질에 관한 문제로서,
인류가 존재하는 한 풀기 어려운 숙제로 남을 뿐이다.

| 보통 사람들의 행복 |

03

—
사랑의 시작과 끝
—

사람의 연령대별 상품가치

　장맛비로 마음도 우울하고 무더위로 짜증도 나는 휴일 오후, 시시콜콜한 얘기 좀 늘어놓으면 더위가 가실까 싶어 사람의 연령대별로 상품가치와 매치시킨 우스갯소리를 옮겨 봅니다. 자칫 여러분의 자존심이 상할까 걱정도 됩니다만 이것은 제가 분류한 것이 아님을 사전에 양지하시고 오해 없으시길 바랍니다. 다소 시대감각에 뒤떨어진 부분이 있어 그런 부분은 제가 사족을 좀 달았습니다.

　먼저, 10대입니다. 이제 막 공장에서 갓 출시한 신상품 샘플. 소위 이팔청춘에 해당되는 연령대로 물불 안 가리는 위험한 세대입니다. 한편 꿈도 많은 세대이며 많은 사람들의 관심의 대상이지요.

　20대입니다. 브랜드 네임밸류가 있는 명품. 젊음이 활짝 만개한 골든 에이지로서 육체적으로 성숙한 반면 정신적으로는 조금

덜 여문 세대지요. 분출하는 열정을 감당하기 힘들어 고민하고, 일생의 반려자를 찾기 위해 찐한 연애 한 번 하려고 동분서주하지요. 값을 좀 통기는 최고급 상품이지요.

30대입니다. 짝퉁이 아닌 정품. 육체적으로나 정신적으로 성숙의 경지에 이른 세대입니다. 요즘은 결혼연령이 높아져서 연애는 시들하고 결혼이냐 독신이냐를 놓고 저울질하는 세대지요. 괜찮은 남녀를 제대로 식별할 줄 아는 계산적인 세대지요. 커리어 우먼은 골드미스를 꿈꾸지요.

40대입니다. 10% 정도 할인해서 판매하는 기획상품. 그런데 이 말은 조금 수정해야 될 것 같습니다. 적어도 준정품에 속한다고 봐야 할 것 같습니다. 세일하기엔 다소 시기상조가 아닌가 싶네요. 물론 정서적으로 여성은 제2의 사춘기에 접어드는 시기지만, 남자는 여자가, 여자는 남자가 뭔지 제대로 알게 되는 세대가 아닌가 생각합니다. 성숙의 단계를 지나 원숙의 경지에 이른 세대라고 봐야 할 것 같습니다. 줌마렐라가 늘어나는 추세를 볼 때 가장 파워풀한 세대가 아닌가 생각됩니다.

50대입니다. 반액세일. 여성은 갱년기 장애가 오는 우울의 세대지요. 이 세대 역시 자신의 몸매관리에 따라 40대를 뺨치는 분들이 늘어나는 추세인 것 같습니다. 남자는 입지의 경지인 만큼 자신의 노력 여하에 따라 안정되고 자신감이 넘치는 연령대가 아닌가 생각됩니다. 혼자되신 분은 재혼의 적기이니 마지막 기회를 놓치지 마셔요. 행복한 노후가 기다리고 있으니까요.

60대입니다. 창고 방출. 계절 지나 땡처리하는 상품이라니 맘이 서글퍼지지요. 환갑을 지났으니 노인 연령에 접어들었다는 의미지요. 그러나 이 역시 요즘 이야기하는 인생 2모작의 출발점이 환갑이므로 너무 상심하거나 포기할 필요가 없을 것 같습니다. 자신감을 가지고 인생을 긍정적으로 살면 멋진 여생이 펼쳐질 것입니다. 평생 못 해본 연애하기 제일 좋은 시기입니다.

70대입니다. 분리수거대상. 쓸 만한 것과 버릴 것을 구분한다는 건데 이건 너무 한 것

| 보통 사람들의 행복 |

같습니다. 요즘 칠순 잔치하는데 가 보면 옛날 환갑 잔치(요즘 안 하지만)하는 것 같습니다. 10년은 더 젊게 산다는 의미지요. 운동도 규칙적으로 하면서 건강하게 살면 나이가 대숩니까, 아빠의 청춘입니다.

80대입니다. 폐기처분 대상. 아무 쓸모가 없다는 의미인 것 같은데 저도 어떻게 풀어서 말해야 할지 답답합니다. 사람의 평균수명이 80세를 넘었다는데 그래도 분리수거 대상은 되어야 하지 않을까요. 대문호 괴테가 83세에 평생의 역작 파우스트를 완성한 것처럼 예술적, 학문적, 사업적으로 큰 성취를 이룰 수 있는 때입니다.

90대입니다. 소각처리 대상. 참 허무합니다. 요즘 백수를 누리는 분들이 수두룩한데……. 요는 병원에 등짝 붙이고 누워 있는 삶을 의미하는 것 같습니다. 건강하다면야 말도 안 되는 비교지요.

위에서 남녀의 연령대별로 구분하여 상품가치와 비교했는데, 이는 어디까지나 우스갯소리로 즐기려고 지어낸 말들이니 괘념치 마시고 활기찬 인생을 살아야 하지 않을까 생각합니다. 물론 이런 비교는 남녀간에 다소 차이가 있어서 일률적으로 판단하기 어려운 점이 있는 것 같습니다.

03

사랑의 시작과 끝

사랑 뒤에 오는 것들

　사랑 뒤에 오는 것이 뭘까. 기쁨으로 충만된 행복일까, 아니면 허망함과 실망감이 혼재된 허탈감일까. 아마 두 가지 느낌이 교차되는 감정일 것이다. 정신적인 면이나 육체적인 면에서 완벽한 사랑을 한다는 것이 그리 쉽지 않기 때문이다. 근래 어떤 통계를 보니 부부간의 성생활에 만족하지 못한다는 여성들의 답변이 64%를 차지하는 것을 보고 정신적인 면을 고려하지 않아도 거의 2/3가 사랑에 대한 기쁨이나 행복감을 누리지 못하고 있다는 것을 느꼈다. 물론 부부간의 사랑을 예로 들었지만 모든 인간관계에서 파생되는 사랑—자애나 연민, 존경심 등도 포함해서— 뒤에 오는 것들은 사랑 그 자체가 복잡미묘한 감정을 함의하고 있기 때문에 정답을 내리기 어렵다.

　문학작품이나 영화에서 사랑이라는 주제가 빠지면 무미건조하여 독자나 관람객의 흥미를 유발하지 못한다. 그건 우리의 삶 자체가 사랑 없인 하루도 버텨내기 힘들기 때문이다. 그것이 실재하는 것이든 상상 속의 것이든 유행가 가사처럼 우리의 삶은 사랑에 살고 또 그 사랑 때문에 죽기 때문이다.

피츠제럴드가 그의 소설 〈위대한 개츠비〉에서 사랑 때문에 파멸할지언정 결코 굴복할 수 없다고 했듯이 사랑은 인생 그 자체이기 때문이다.

우리가 살아가는 가운데 사랑이라는 풀기 힘든 명제로 인하여 때로는 고통 속을 헤매고, 때로는 불같은 열정에 사로잡혀 앞뒤를 분간하지 못하는 공황상태에 빠지기도 한다. 그러기에 사랑으로 생긴 갈등의 골은 그 사랑이 끝난 후에야 비로소 메울 수 있다. 그렇게 자신을 옥죄었던 응어리진 감정이 많은 시간이 흐르고 나면 삭여지고 다시 그리움이라는 추억으로 변해가는 것을 알 수 있다. 우리가 열렬한 사랑 후에 느끼는 배신감이나 실망감, 원망과 미움 등도 기억이라는 창고 속에 지워지지 않고 차곡차곡 쌓인다.

이처럼 이상하게도 행복했던 일들만 그리움으로 기억되고, 불행했던 일들은 물청소하듯이 씻겨지거나, 혹은 불에 태워 없애 버리듯이 잊히거나 사라지는 게 아니다. 그것은 물체가 아닌 마음의 문제이기 때문이다. 사랑은 사람의 문제이고 사람 간에 얽힌 일이기에 인간의 의지대로 좌지우지할 수 없는 것이다. 누군가가 '사랑하기 위해서 사랑하는 것이 아니라, 사랑하지 않을 수 없기 때문에 사랑한다'고 했듯이, 사랑에는 정답이 없다. 우리 인간의 의지를 초월하는 마음의 움직임이기 때문에 어찌할 수 없는 것이 사랑이라는 불가사의한 명제가 아닐까.

결국 사랑 후에 남는 것은 상처 입은 공허한 가슴에 새로운 사랑을 싹 틔울 화해와 용서의 힘을 얻는 것이라고 할 수 있겠다.

03

사랑의 시작과 끝

스킨십

어느 신문에 난 기사를 보니 미국인들은 결혼 후 3년 이내에 50%가 이혼하고, 독일인은 3분의 1, 한국인은 3쌍 중 한 쌍이 이혼한다고 한다. 서로 사랑해서 한 결혼인데 왜 헤어지는 것일까.

여기에는 구구한 사연들이 있었다. 가장 큰 원인이 성격 차이고, 그 다음이 경제적인 문제, 가정폭력, 배우자의 부정 순이었다. 가장 큰 원인인 성격 차이는 인성 차이뿐만 아니라 미묘한 내용들이 포함되어 있었다. 각자 성장한 배경이 다른 데서 오는 이질적 인성은 겉으로 드러나는 것이고, 속내를 뒤집어보면 성적 부조화가 큰 비중을 차지하고 있었다. 시쳇말로 속궁합이 맞지 않다는 것이다.

남녀가 부부로 인연을 맺어 50년을 해로한다고 가정할 때, 적어도 30~40년이라는 긴 기간 동안 부부관계를 유지할 수 있다.

그러나 통계에 의하면 섹스리스 상태로 사는 커플이 30%대에 육박한다는 수치를 보고 무척 의아한 생각이 들었다. 남녀가 결혼하여 긴 세월을 살아가다 보면 연애시절이나 신혼 때에 가졌던 뜨거운 감정은 식기 마련이다. 그래서 부부관계도 밋밋해진다. 사람이란 원래 간사한 존재라 자식 때문에, 정 때문에 산다고 체념 섞인 푸념들을 늘어놓는다. 이때부터 부부 사이에 트러블이 생긴다.

부부란 정신적, 육체적으로 원만한 커뮤니케이션이 유지되어야만 만족스런 결혼생활을 영위할 수 있다. 어느 일방이 부부관계를 거부하면 그 부부는 이미 남남이나 마찬가지다. 한국이나 일본처럼 유교적 염치문화가 지나친 동양권에서는 남녀간의 스킨십을 쑥스럽게 여기는 인식이 뿌리 깊이 박혀 있다. 나들이나 부부동반 모임 등에서도 손을 잡거나 팔짱을 낀 모습을 좀처럼 보기 힘들다.

이처럼 애정표현이 서툴고, 스킨십을 부끄럽게 여기는 사이 부부간의 친밀도는 점점 떨어지고 이런 재미없는 부부생활의 지속은 결국 부부 일방의 일탈을 꿈꾸게 만든다. 그리고 이혼이라는 최악의 경우까지 이르는 빌미를 제공한다. 설령 그런 지경까지 이르지 않더라도 부부간에 해소되지 못한 정신적 육체적 불균형을 오랫동안 방치하게 되면 우울증으로까지 진전된다.

그리고 자신의 정체성에 대한 위기감에 빠져 예기치 못한 극한 상황까지 몰고 간다. 따라서 이때는 정신과적 심리치료를 부부쌍방이 함께 받아볼 필요가 있다. 그런 후 서로를 냉철하게 되돌아보고 상대방에게 가졌던 불평불만을 터놓고 얘기하는 가운데 해결의 공통분모를 찾아야 한다. 무관심과 방관자적 태도는 원만한 부부생활의 암적인 존재이다.

사람은 어차피 늙기 마련이고 언젠가는 각자 제 갈 길을 가기 마련이다. 누가 먼저고 뒤고를 따질 겨를이 없다. 함께 있을 때 잘해줘야겠다는 노력이 필요하다. 부부 일방이 떠난 자리는 너무나 황량하다. 그건 겪어본 자만이 느낄 수 있으니까. 서로 역지사지의 입장에서 상대방에 대한 이해와 관용의 표현을 스킨십을 통하여 보여줌으로써 원만한 부부관계는 계속 유지될 수 있는 것이다.

| 보통 사람들의 행복 |

03

— 사랑의 시작과 끝 —

정 때문에

연애는 사랑 때문에 하고
결혼은 정 때문에 한다.

만나고 만지고 입 맞추고 하는 사이 사랑이 싹튼다
사랑이 깊어지고 서로의 모든 것을 다 주어버리면

결혼이라는 속박에 얽매이고 싶어한다.
사랑이 영원할 것 같은 착각에 빠지기 때문이다.

결혼이라는 현실적인 삶에 지치다 보면
그 뜨겁던 사랑이 서서히 식게 된다.

그리고 서로를 재평가하는 시기가 오면서
같이 살아야 하나 말아야 하는 자기 고뇌에 빠진다.

그때 어떤 특별한 구실이 생기면 탈출의 호기가 된다.
드디어 이혼이라는 말이 쉽게 튀어 나오고 갈등이 고조된다.

이미 멀어진 마음은 생각 따로 몸 따로의 관계로 진전된다.
그러나 이혼이란 그렇게 쉽지가 않다.

나를 둘러싼 가족, 자식, 사회적 시선 등이 장애물이 된다.
이때 자기 포기가 쉬운 사람은 참고 시간에 자신을 맡긴다.

한편 자기 포기가 어려운 사람은 결별을 선언한다.
나 자신의 삶이 더 소중하다고 판단하기 때문이다.

정 때문에 사랑도 없는 사람끼리 결혼 생활을 이어가는거나
사랑 없인 못 산다고 이혼하는 사람이나 오십 보 백 보다.

어떻게 살든 산다는 것은 별 게 아니다.
각자의 삶에 대한 평가는 남이 하는 게 아니라 나 스스로 하는 거니까

밉든 곱든 정 때문에 산다는 게 우리 같은 필부필부의
공통된 삶의 가치관이 아닐까. 비록 재미없는 삶일지라도…….

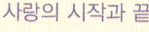

03

사랑의 시작과 끝

사랑과 미움 사이

사랑하기 때문에
죽을 수 있다면

미워하기 때문에
죽을 수 있다.

사랑과 미움은
항상 함께하니까

너무 사랑해서 죽는 사람
너무 미워해서 죽는 사람

사랑과 미움은 균형상태를
유지하기가 무척 힘들다.

속으로 사랑하면서 미워하고
겉으로 미워하면서 사랑한다.

사랑하는 감정과 미워하는 감정은
표리부동한 상태를 계속한다.

이율배반적인 감정의 교류가
사랑과 미움의 2차 방정식이다.

그래서 사랑하다 죽으면
후회라는 회한이 없지 않은가.

03

— 사랑의 시작과 끝 —

사랑이 멀어져 갈 때

가을 낙엽이 지면 추운 겨울이 오듯
사랑이 시들해지면 이별을 생각한다.
하루에도 몇 번씩 묻던 안부전화가 뜸해지고
서로 나누는 대화내용도 밋밋해진다.
사랑에 비상등이 켜졌다는 적신호이며
어느 한쪽의 마음에 균열이 생겼다는 증거다.

대개 이별의 선제신호는 여자 쪽이 보낸다.
여자는 매우 계산적인 사랑을 하기 때문이다.
그러나 사랑은 복잡한 감정상태가 얽혀 있기 때문에
어느 일방이 결별을 선언해도 쉽게 끝나지 않는다.
상대방도 똑같은 생각을 하지 않기 때문이다.

누굴 사랑하는 감정은 지극히 맹목적이다.

사랑하는데 이유가 없듯이 헤어지는 감정도 이유가 없다.

그저 싫어졌다는 것이 이유라면 이유다.

사랑이 멀어지는 것은 상대방에 대한 절절한 감정이

사라지거나 무디어졌다고밖에 말할 수 없다.

만남이 있으면 헤어짐이 있기 마련이다.

안달하고 애원한들 돌아선 마음이 바뀌지는 않는다.

사랑이 식어 헤어지는 사람들에겐 상처가 남는다.

서로의 가슴에 남은 실연의 상처는 아픔이기에

오래도록 아물지 않고 덧나기를 반복한다.

어리석었던 자신들의 행동을 후회하면서….

| 보통 사람들의 행복 |

03

—
사랑의 시작과 끝
—

사랑 없는 삶

세상에는 참으로 많은 사람들이

살아가고 있습니다.

한 사람이 그 사회에서 온전히 잘 살아가려면

많은 사람들과 잘 지내야 합니다.

하지만 아무리 많은 사람을 알고 있다고 해도

사랑이 없으면 소용이 없습니다.

사랑 없이 만나는 사람들은 인제든

떠날 준비가 되어 있기 때문입니다.

많은 사람들이 사랑 없는 껍데기

삶을 살아가고 있습니다.

그들이 모여서 사막과도 같은

삭막한 세상을 만들어 가고 있습니다.

—김용택 외《떨림》에서

그렇습니다.
우리는 지금 사랑 없는 무의미한 삶을
살아가고 있는지 모릅니다.

스스로 살아가고 있는 건지
그저 마지못해 살아지는 삶인지
잘 알지 못합니다.

산다는 의미를 상실한 삶은
진정한 삶이 아니라고 하였습니다.
진정한 삶이란 사랑이라는 감정이
강물처럼 흘러넘치는 삶입니다.

자신이 왜 이 세상에서 살아야 하고
나의 존재가치가 무엇인지 느낄 수 있는 삶이란
사랑이라는 감정이 함께 존재할 때 가능합니다.

가슴 떨리는 사랑이 없는 삶에는
살아갈 희망도 용기도 존재하지 않습니다.
오직 절망이라는 막다른 골목에 갇혀
꼼짝달싹도 못한 채 어둠의 그림자만
멍하니 쳐다보며 쫓고 있을 뿐입니다.

| 보통 사람들의 행복 |

내일이 온다는 것이 두렵고
해가 뜬다는 것이 불안합니다.
온종일 죽음만을 생각하며 보냅니다.

누군가 힘들고 어려워 죽고만 싶을 때,
단, 한 사람만이라도 내 편이 되어줄 수 있는 사람.
그런 사랑이 있다면 절망의 나락에서 헤어나
다시 일어설 수 있는 용기를 가질 수 있습니다.

사랑 없는 삶은 죽음과도 같은 것임을
왜 우린 애써 외면한 채 살아가는 걸까요.

03

—
사랑의 시작과 끝
—

죽음 그리고 사랑

인간의 생명이 끊기고 나면 사랑이 존재할까.
사랑과 인간의 생명은 어떤 함수관계일까.

세상 살기가 싫어지면 사랑도 멀어질까.
죽을병에 걸리면 사랑도 없어질까.

죽도록 사랑한다는 말은 사랑을 위해 죽을 수도 있다는 말인데
왜 그 말이 사기꾼들의 속임수 같은 말로 들릴까.

죽고 싶다는 말, 자살하고 싶다는 말은 사랑이 그립다는 말일까.
아니면 세상 살기가 싫다는 말일까.

사랑과 죽음은 동의어일까, 아니면 다른 의미일까.
죽고 나면 모든 게 끝나는 것 아닐까.

사랑도, 미움도, 그리움도, 원망도, 죽음 하나로
완벽하게 끝난다면, 아름다운 죽음을 택할 수 있을 것이다.

그것도 푸른 바다가 끝없이 펼쳐진 절벽 위에서
사랑해! 하고 큰소리 치면서 뛰어내리지 않을까.

세상이 싫고, 사람이 미워질 때, 우리는 죽음을 생각한다.
위선과 가면으로 포장된 삶과의 결별을 위해서.

| 보통 사람들의 행복 |

03

사랑의 시작과 끝

결혼 이혼 재혼

지성 키에르케고르는 결혼의 의미에 대하여 해도 후회할 것이고 안 해도 후회할 것이라는 알쏭달쏭한 말을 남겼다. 이 말은 미혼 상태인 청춘 남녀의 결혼관에 다소 혼란을 일으키게 하는 말이다. 그럼 이것도 저것도 아니면 도대체 어쩌란 말인가. 이 말의 의미를 긍정적으로 풀어 보면 하든 안 하든 후회할 거라면 한번 해보고 후회하는 게 낫겠다는 쪽으로 해석할 수 있다. 보편적인 다수의 생각이다. 한편 부정적 측면에서 풀어보면 후회할 결혼이라면 차라리 안 하는 게 낫겠다는 것이다. 독신주의자들의 의견이다. 전자가 사회관습 적응형이라면, 후자는 개성이 강한 페미니스트형 결혼관에 속한다. 그런데 결혼에 관한 재미있는 해석이 있어 여기 옮겨서 나름대로 풀이해 본다.

결혼은 판단력 부족이고, 이혼은 인내력 부족이며, 재혼은 기억력 부족이라는 것이다. 키에르케고르는 결혼을 다소 애매모호하게 표현했지만 결론은 긍정하는 측면에서 한 말이다.

먼저 결혼은 판단력 부족이라는 말이다. 결혼의 전제조건인 필요충분조건에 대한 의사결정의 합리성을 묻는 말이다. 사랑이냐 상대방의 조건(외모, 경제력, 성격, 집안 등)이 나를 놓고 판단하는 문제이다. 전자가 이상형이라면 후자는 현실형이다. 세상 흐름은 후자 쪽으로 기우는 경향이 강하다.

두 번째 이혼은 인내력 부족이라는 말이다. 근래 통계수치를 보니 우리나라의 이혼율이 30%대에 이른다. 신혼부부 세 쌍 중 한 쌍 꼴로 이혼한다고 한다. 옛날처럼 자식이나 가족의 체면 때문에 이혼을 결행하지 못했던 인내력이 한계점에 이르렀음을 알 수 있다. 서로 맞지 않으면 일찍 끝낸다는 말로 요약할 수 있다. 이혼의 보편화가 우리 사회 저변에 자리잡았다는 증거다.

세 번째 재혼은 기억력 부족이라는 말이다. 이 말은 결혼과 이혼의 문제점을 기억하고 있다면 왜 재혼 타령이냐고 충고하는 말로 받아들여야 할 것 같다. 물론 재혼은 이혼과 상처로 구분해서 생각해 볼 여지는 있다. 그러나 결과론적으로 보면 이혼이나 상처나 오십 보 백 보다. 어느 일방의 귀책 사유로 발생한 일이기 때문이다. 개인별로 처한 상황이 다르기 때문에 딱 꼬집어 옳고 그름을 판단하기는 어려운 일이다.

더욱이 전통적 가족관과 결혼관이 많이 변질되고 보니 결혼, 이혼, 재혼의 합리적 판단은 갈수록 어려워질 수밖에 없다. 어떻게 살아가든 우리 인생은 후회라는 꼬리표를 영원히 달고 이 세상을 떠날 수밖에 없는 존재이니까. 그래서 키에르케고르는 그렇게 애매모호한 말을 한 것 같다.

| 보통 사람들의 행복 |

03

— 사랑의 시작과 끝 —

자유로운 사랑

나는 이 사람이 행복했으면 좋겠습니다.
나는 이 사람이 편안했으면 좋겠습니다.
나는 이 사람의 눈에 더 이상 눈물이 나지
않았으면 좋겠습니다.

—SBS 〈조강지처클럽〉에서

그렇습니다.
누군가를 진실된 마음으로 사랑한다면
그 사람을 구속해서는 안됩니다.
사랑하는 마음은 상대방을 존중하고
그 사람이 내게 어떻게 했든지 상관없이
그저 행복하기만을 바라는 마음입니다.

| 보통 사람들의 행복 |

비록 지금 내 곁에 다가오지 않아 너무 답답하고
가슴 아프지만, 그리워할 수 있는 마음만 간직한 채
살 수 있다면 그것만으로도 행복한 삶입니다.
원망하고 미워하고 괴롭히고 싶지만,
용서하고 이해하는 마음으로 놓아주는 마음.
그 사람이 오직 행복하기만을 간절히 바라는
자유로운 사랑의 추구만이 진실된 사랑입니다.

오직 진심으로 상대방을 이해해주는
바라지도 욕심내지도 않는 순수한
배려의 감정이며, 그 어떤 대가도 기대하지 않는
받기보다 그저 한없이 주고 또 주어버리는 사랑.
구속하지 않는 자유로운 사랑이 진실된 사랑입니다.

나로 인해 그 사람의 눈에 슬픈 눈물이 고이지 않도록
그 사람의 모든 허물을 넓은 가슴으로 안아주는
이해와 관용의 용광로 같은 식지 않는 사랑입니다.

04

여자의 길 ─ 어머니의 사랑

04

여자의 길 – 어머니의 사랑

워킹 맘과 육아대책

워킹 맘working mom이란 일과 육아를 병행하는 여성을 일컫는 말이다. 여성의 사회진출 확대로 일하는 여성이 늘어나는 추세와 맞물려 맞벌이 부부가 대세로 자리 잡아가고 있다. 남편의 외벌이로는 늘어나는 생활비와 육아비, 교육비를 감당할 수가 없어 부부가 함께 생활전선에 뛰어들고 있다.

물론 여권의 신장과 고학력화에 따라 전문적인 지식으로 무장한 여성들이 자신의 능력을 적극 발휘하기 위해 직장생활을 하는 것은 국가적으로 인재활용의 측면에서 당연히 바람직한 현상이다. 그러나 여성에게 직장생활과 함께 육아는 피할 수 없는 의무이자 부담이기도 하다.

한국적 현실에서 직장생활과 육아를 동시에 잘한다는 것은 말처럼 쉽지가 않다. 국가에서 정한 출산휴가와 육아휴직제도가 있지만 남성 중심적 가부장적 한국사회에서 보편적 이해라는 인식이 먹혀들지 않는 게 현실이다.

우선 임신이 되면 직장 내에서 대하는 상사나 동료의 시선부터 달라진다. 임신여성에 대한 배려보다 은근히 퇴직하기를 종용하는 보이지 않는 따가운 시선이 뒷덜미를 짓누른다. 중요보직에서 한직으로 밀려나기도 한다. 능력이 아니라 일하는 시간을 문제 삼는다. 특히 0세부터 초교 졸업까지 부모의 아동 케어는 필수적이다. 이때 워킹 맘이 겪는 정신적 육체적 고통은 이루 말할 수 없다. 그래서 결혼을 미루거나 결혼을 해도 출산을 늦춘다.

출근을 위해 유료 어린이집에 애기를 맡기지만 퇴근시간이 되면 잔업을 시킬까봐 전전 긍긍이다. 애를 데리러 가야 하는데 야근할 일이 생기면 난감하다. 다행히 남편의 직업이 공공기관이나 시가나 친정부모 가족이 인근에 있으면 다행인데 핵가족시대라 그것도 여의치 않다. 이때 워킹 맘은 직장과 육아를 두고 고민에 빠지고 급기야 직장일로 상사와 트러블이 생기면 사표를 내던진다. 이게 경력단절여성이 생기는 이유다. 또한 설령 직장생활을 계속한다 해도 유아원 등 육아위탁에 따른 경제적 부담이 만만찮다.

서구복지국가처럼 임신 출산부터 초등학교 졸업 때까지 국가에서 전담해 케어해주는 시스템이 미비한 한국에서 워킹맘의 일과는 아이와의 전쟁을 방불케 한다. 그렇다고 남편이 아이를 돌봐줄 여유나 의식수준 또한 지극히 낮다. 아내가 맞벌이하기를 원하지만 막상 육아는 아내 몫이고 남자는 뒷전으로 물러나 있다.

물론 법상 남성의 육아휴직제도가 있지만 치열한 경쟁사회에서 살아남아야 하는 남편의 입장에서는 회사일보다 사적인 일(육아)은 후순위로 밀려나기 마련이다. 밤늦게까지 야근에 시달리고 심지어 집안까지 일거리를 가져올 만큼 직장일에 짓눌려 살기에 육아는 아내 몫일 수밖에 없는 것이 현실이다. 최근 일부 깬 직장에서 남성 육아휴직 제도를 활성화하는 바람이 불고 있기는 하지만 찻잔 속의 미동에 불과하다. 휴직 자체가 무급이거나 최소한(30~40%)에 그쳐 줄어든 생활비의 벌충도 문제다.

최근 통계청이 발표한 2016년도 신생아 출생수를 보니 40만 6천 명이다. 이는 전년도

43만 8천 명에 비해 3만 2천 명이 줄어든 수치로 역대 최저 수준이다. 합계출산율도 1.17 명(OECD 평균 1.8명)으로 지난해의 1.24 명에 비해 0.07명이 감소했다. 여성의 평균출산 연령도 32.4세로 그중 고령산모에 속하는 35세 이상 여성의 비율이 26.4%에 이른다. 이는 출생아 수의 지속적인 감소를 예측하고 있다.

2015년 한국은 3050 클럽에 세계 7번째로 가입했다. 30은 1인당 GNP가 3만 달러, 50은 인구가 5천만 명 이상으로 이 클럽의 가입 조건을 충족시켰기 때문이다. UN 193개 회원국 중 7번째 나라가 됐다는 것은 영광(?)스럽기도 하다. 그러나 지금처럼 합계출산율이 1.17상태가 지속되면 오래 못 간다. 2030년부터 인구가 감소하기 시작해 인구 5천만 명 선이 무너지게 된다. 더욱이 2008년 유엔인구기금이 발간한 '2008년 세계인구현황보고서'에서 추계한 한국의 출산율은 1.20명이다. 이를 근거로 영국 옥스퍼드대학 인구문제연구소의 데이비드 콜만 교수는 2,305년이 되면 지구촌에서 사라질 최초의 국가가 한국이 될 것이라며 이를 '코리아 신드롬'이라고 명명했다. 그때 우리나의 인구는 남자 2만 명 여자 3만 명으로 소도시 인구에도 못 미친다. 상상만 해도 끔찍한 일이다.

육아문제는 전적으로 인구정책의 측면에서 국가가 책임지고 해결해야 한다. 출산율의 감소는 생산인구 감소로 이어져 산업의 활력을 떨어뜨려 세계경제강국 11위의 위상은 한갓 시난날의 이야기로 인구에 회자될 것이다. 전 기업과 공공기관의 탁아시설 설치의무화와 운영비 전액의 국고지원, 공공 탁아시설의 대폭 증설 등 특단의 대책이 강구되지 않으면 인구절벽의 벽에 막힌 신세를 면치 못할 것이다.

프랑스의 드골이 출생률 증가를 위해 세 아이 이상 가정엔 여성의 인건비에 해당하는 육아보조비를 지급하여 1.0의 저출산율을 2.0명으로 늘렸다. 이런 사례를 타산지석으로 삼아 우리나라도 워킹 맘들이 육아걱정 없이 안정적인 직장생활을 할 수 있도록 범정부 차원의 대책을 시급히 강구해줄 것을 새 정부에 강력히 건의한다.

| 보통 사람들의 행복 |

•147

04

—
여자의 길 – 어머니의 사랑
—

국가적 재앙 저출산 문제

얼마 전 신문기사를 보니 올해 한국의 합계출산율이 1.26명으로 추정되어 분석대상 224개국 중 219위라고 보도되었다. 이는 OECD기준으로 보면 꼴찌 수준이라고 한다. 시골에서 아이 울음소리가 끊긴 지 오래다. 요즘 귀농귀촌을 정부가 장려하고 있지만 실제 그 대상자는 직장 은퇴세대인 50~60대가 대부분이다. 그들은 출생률 증가와는 상관없는 단산세대들이다. 그런데 더욱 문제는 출생하는 신생아는 도시 중심이고 시골군의 경우 전국 81개 군 중 52개 군은 신생아 출생수가 300명도 못 된다고 한다. 바야흐로 인구절벽시대가 목전에 다다른 느낌이다. 특히 지금까지 그런대로 저출산을 커버해 주던 15~64세의 생산가능 인구수가 금년부터 줄어들기 시작했다는 점이다. 일할 사람은 적어지고 부양할 사람은 늘고 있다는 증거다.

지금까지 정부는 저출산 문제를 해결하기 위해 물경 130조 원의 재정을 투입했다. 그러나 근본적인 저출산 해소대책이 아닌

임기응변식 현금지원정책으로 사실상 실패로 끝났다. 시루에 물 붓기식 졸속정책이었던 셈이다. 저출산대책의 근본인 젊은이들의 일자리 창출과 여성 등 유휴인력을 산업현장으로 유도할 수 있는 영유아정책을 강구하지 못한 때문이다. 맞벌이 부부의 경우 육아문제 해결 없이는 직장생활이 불가능하다. 지금 정부에서 공립육아시설 확보를 위해 유휴초등학교 교실의 활용방안을 강구하고 있지만, 현재 육아교육의 75%를 담당하는 민간보육기관의 로비와 압력에 부딪혀 진전을 보지 못하고 있다. 저출산대책의 근본적인 개혁을 단행하지 않으면 지금 3%대를 유지하는 경제성장 동력이 1~2%대로 떨어질 것은 불을 보듯 뻔하다. 이참에 일본처럼 국무총리 산하에 국가보육전담기구를 신설하여 전국 지자체별로 중구난방 식으로 운영되고 있는 영유아보육시책을 통합 조정할 필요가 있다. 모르긴 해도 지금까지 쏟아부은 130조 원의 재원을 근본적인 저출산대책으로 잘 집행·관리했다면 2%대 이상의 출생률로 끌어올릴 수 있었을 것이다. 합계출산율 신장에 의한 생산 가능 인구증대는 국가의 백년대계이다.

2008년 유엔 인구기금이 펴낸 세계인구보고서에 의하면 2305년에 세계 최초로 이 지구상에서 사라질 나라는 한국이 될 것이라고 했다. 이는 한국의 합계출산율 1.20명을 기준으로 계산한 잠정추계란 점에서 충격적이다. 앞서 미국 CIA의 '월드 팩트북'이 추정한 합계출산율 1.26명과 비슷한 수치이기 때문에 조금의 시차는 있겠지만 지금 한국의 비혼인구의 급격한 증가추세를 보면 신빙성이 있는 예측이라고 할 수 있다. 지난해 신생아 출생자 수가 40만 명이었으나 올해 연말까지 잠정 추계치는 10만 명이나 줄어든 30만이 될 것이라고 통계청이 추산하고 있어 인구절벽의 심각성을 수치로 실감할 수 있다.

물론 일부 학자들은 우리나라의 인구가 국토면적에 비해 너무 많아 2천만 명 정도가 살면 적정 인구라고 한다. 생산인력 감소를 우려하지만 AI시대의 도래와 함께 로봇산업의 발달로 사람이 직접 일하는 시간은 자연히 줄어들기 때문에 인구의 자연감소를 어느 선까지(2,000만 명 정도) 두어도 문제 될 것이 없다고 낙관적인 전망을 하기도 한다. 그들은 실례로 스칸디나비아 3국과 북구 선진국들의 인구가 대개 천만 미만이라는 점을 내세우고 있다. 그러나 그들 나라는 거의 100년 전부터 '요람에서 무덤까지'라는 사회복지시스템을 탄탄히 구축한 나라들이기 때문에 한국의 열악한 사회복지시스템이나 과속성장의 후유증을 앓고 있는 경제사회체제와는 비교대상이 될 수가 없을 것 같다.

어찌되었든 간에 인구절벽의 선도국인 일본의 전철을 밟고 있는 우리나라로서는 부부가 출산과 육아로부터 자유로운 생활에서 2~3명의 자녀를 나아 육아부담 없이 잘 기를 수 있도록 청년 일자리 창출과 공공임대 주택의 대대적인 건립 보급과 함께, 과외 망국병을 근본적으로 바꿀 수 있는 혁신적인 교육 시스템을 구축해야 할 것이다. 동시에 고령사회를 맞아 정년연장 등 청년세대와 균형을 이루는 잡 셰어링 정책의 구상 등 저출산과 고령사회를 슬기롭게 극복할 수 있는 정책대안의 발굴에 국가정책의 초점을 맞춰 나가야 할 것이다. 저출산 문제를 더 이상 국가적 재앙으로 방치하는 우를 범해서는 안 될 것이며, 국민 각계각층의 의견 도출에 의해, 세대 간 계층 간에 갈등 없는 복지 선진국이 될 때 국민소득(GNI) 3만 불시대의 서막은 활짝 열릴 것이다.

— 사랑의 시작과 끝 —

04

비혼 시대

최근 연예인 김숙과 김수홍 씨가 비혼식非婚式을 올려 화제가 되었다. 비혼非婚은 결혼을 하지 않겠다는 뜻인 반면 미혼未婚은 결혼을 하기는 하는데 아직 못한 상태를 의미한다. 전자는 결혼 포기이고 후자는 결혼 대기이다. 요즘 비혼식이 결혼식처럼 지인들에게 알려 축의금(?)도 받는다니 우리 같은 기성세대는 이해하기 힘들다. 결혼을 안 하면 되지 공식적으로 알리기까지 해야 하는지 얼른 수긍이 안 간다.

청년실업난이 심각하여 7포세대니 N포세대니 하며 자포자기적인 표현들을 하지만 인륜지대사인 결혼을 거부하는 풍조는 그다지 반길 현상은 아닌 것 같아 씁쓸한 느낌마저 든다. 물론 비혼이라고 해서 남녀 간의 관계를 단절하는 것은 아니고 법적인 혼인상태를 거부하는 것이기에 동거나 연인관계로 지내는 것까지 포기하지 않는다. 서구 특히 프랑스가 비혼 상태로 사는 동거부부가 많기로 유명하다. 일국의 대통령조차 비혼 상태이었던 걸

| 보통 사람들의 행복 |

• 151

보면 자유로운 영혼을 누리는 삶을 선호하는 그들의 인생관을 엿볼 수 있다.

유명인사들 중 비혼으로 평생을 산 사람들이 많다. 20세기 여성패션의 레전드였던 가브리엘 샤넬은 우리나라에선 샤넬 넘버5 향수로 잘 알려져 있다. 코코샤넬이라는 살아 있는 전설로 통했던 그녀는 비혼인 상태로 뭇 남성들과 염문을 뿌리며 살았다. 유부남 카펠, 영국의 대부호 민스터 공작, 폴 이리브를 비롯해 57세 때는 13살 연하인 독일군 장교 폰 딩글라게와의 동거 등 많았지만 비혼으로 살았다. 세계 여성패션계의 전설로 군림했던 그녀는 88세까지 장수하였다.

실존주의 철학자이자 작가였던 장 폴 사르트르 역시 비혼으로 살았다. 1964년 노벨문학상 수상자로 선정되었지만 끝내 수상을 거부한 프랑스적인 레지스탕스였다. 그는 페미니즘 탄생의 신호탄을 쏘아 올린 작가 시몬느 보부아르를 대학 재학 중에 만나 연인 사이가 되어 평생 반려자로 지냈지만 결혼은 하지 않았다. 번거로운 일상적인 삶에 구속받기 싫어서 자식도 갖지 않았다고 한다.

또 한 사람 금세기 미국 최고의 MC로 불리는 토크쇼의 여왕 오프라 윈프리 역시 비혼녀이다. 그녀는 스테이트 그레이엄과 연인 사이로 지내다가 1992년 약혼했으나 윈프리가 일에 몰두하기 위해 고집하는 바람에 결혼까지 이르지 못했다. 자신의 이름을 딴 CBS 간판 프로인 오프라 윈프리쇼를 25년간 진행하며 명성을 날렸다. 토크쇼의 여왕으로 불린 그녀의 쇼에 수많은 저명인사들이 초청받기 위해 대기자 명단에 기꺼이 이름을 올렸다고 한다. 그녀는 흑인 사생아로 태어나 친척에게 강간까지 당하는 불운을 딛고 일어선 입지전적인 인물이다. 《나는 실패를 믿지 않는다》라는 책에서 그녀의 지론인 '인생의 성공 여부는 온전히 자기 자신에게 달려 있다'는 말로 오프라이즘OPRAHISM을 낳기도 했다. 토크쇼 은퇴 후 그레이엄과 30년간 사실혼 관계를 유지하며 각종 자선 사업에 힘을 쏟고 있다.

물론 위에서 예로 든 세 사람은 세계적으로 유명한 사람이고 서구인이라는 공통점을 갖고 있지만 꼭 법적인 결혼 상태로 사는 것만이 최선의 삶의 방식이 아닌 것 같기도 하다. 일과 사랑, 두 마리 토끼를 쫓기 위해 결혼이라는 굴레를 벗어 던지고 인간승리를 일군 사람들이기에 비혼을 부정적으로 몰아세우기에는 시대감각이 무딘 느낌이 든다.

우리나라 젊은 남녀의 결혼평균연령이 32살을 넘어섰다. 결혼연령 상승과 함께 비혼인구가 점차 늘어가는 추세에 있다. 이웃 일본은 우리보다 더 심하고 유럽 쪽은 비혼이 트렌드화한 느낌이다. 법적인 결혼보다 자유롭게 서로의 프라이버시를 인정하면서 동거 내지 연인 사이로 사는 삶의 형태가 더욱 보편화될 것 같다. 그러나 가뜩이나 낮은 출산율 (1.24명)로 인구 절벽이 우려되는 상황에 처한 우리로서는 인구정책적인 측면에서 고민이 커지고 있다. 정부나 지자체에서 출산장려를 위해 각종 유인책을 강구하고 있지만 욜로YOLLO족의 출현에서 보듯이 삶의 패턴변화를 억지로 막을 수는 없을 것 같다.

지난 5월 21일이 부부의 날이었는데 기혼자는 물론 미혼자들에게도 그저 평범한 날로 의미 없이 지나갔다는 여론조사보고가 있었다. 결혼 인식에 관한 20~40대 미혼 남녀 1,325명에 대한 설문조사에서 남성의 74.3%, 여성의 92%가 '결혼은 필수가 아닌 선택'이라고 대답했다고 한다. 그 이유인즉 미혼남의 경우 내 집 마련, 결혼비용이 1위를, 자유로운 삶의 포기, 출산 육아부담 순으로 나타났으며, 여성의 경우 자유로운 삶의 포기가 1순위, 그 다음으로 새로운 가족(시댁)에 대한 부담이었다고 한다. 이런 이유 때문인지 2016년 통계청이 발표한 혼인건수를 보면 28만 2천 명으로 전년도 30만 3천 명보다 7.3% 감소한 것으로 조사되었다.

이처럼 결혼에 대한 젊은 층의 인식이 변화하고 있는 것을 볼 때 40대 미혼 자녀들은 자의든 타의든 비혼을 결심했거나 심각하게 고민하고 있다고 볼 수 있을 것 같다. 이제 비혼이 남의 일이 아니라는 말이 실감 나는 시대가 되었다. 혼밥 혼술을 즐기면서 자유로운 영혼으로 살고 싶다는 비혼은 현대인의 새로운 삶의 트렌드로 자리 잡아가고 있는 것 같다. 내가 원하든 원하지 않든 상관없이….

—
여자의 길 – 어머니의 사랑
—

04

아재파탈과 줌마렐라

아재는 아저씨의 낮춤말이다. 촌수로 따져서 오촌뻘 되는 분을 아저씨라고 부른다. 계촌상 정확한 명칭은 종숙從叔이며 보통 친근한 말로 당숙堂叔이라고 한다. 요즘 아재개그 열풍이 불고 있다. '제일 오래된 다리는 구닥다리' '늘 배고픈 나라는 헝가리' '가장 쉬운 수는 19만수' '몸에 안 좋은 청바지는 유해진' '지루한 중은 로딩중' '멋있는 중은 김상중' 등으로 TV 연예오락 프로나 토크쇼 등에 등장해 시청자들을 웃기고 있다. 원래 아재개그는 '88년도 개그'라 불렸던 철 지난 약간 고리타분한 언어유희를 일컬었다. 요즘 아재개그로 유명세를 탄 중년 연기자들의 인기가 급상승 중이다.

'아재파탈'은 아재의 다소 부정적인 이미지가 긍정적인 이미지로 변하면서 확대 재생산된 말이다. 아재와 치명적인 매력을 지닌 남성을 뜻하는 옴므파탈은 불어로 남자인 옴므homme와 숙명, 치명적이라는 뜻의 파탈fatale의 합성조어이다. 꽃미남이 아니라

| 보통 사람들의 행복 |

• 155

조금은 한물간 크게 주목받지 못했던 중년 남성들이 아재파탈로 젊은 남녀들로부터 친근한 아저씨 이미지로 환영받고 있다. 아재파탈을 탄생시킨 아재개그는 소셜네트워크서비스(SNS) 덕분이기도 하다. 호흡이 짧은 글을 선호하는 SNS에서 간단명료한 말장난이 젊은 층의 축약어 사용 트렌드와 맞아 떨어진 결과이다.

아재개그나 아재파탈의 열기 속엔 기성세대에 대한 시니컬한 풍자가 내재되어 있다. 특히 40대와 50대 여성 아줌마부대보다 22만 명(2015년 통계)이 더 많아진 아재부대로 인해 맹위(?)를 떨치던 줌마렐라(줌마파탈)의 열기가 조금 시들해진 탓이기도 하다.

중년여성의 친근한 이미지로 불리는 아줌마라는 호칭 역시 아재처럼 아주머니의 낮춤말이다. 우먼파워의 강세로 억척스러워진 여성, 가계를 책임진 워킹 맘의 긍정적인 이미지로 변한 아줌마와, 신데렐라의 합성 조어인 줌마파탈로 불리기도 한다. 줌마렐라는 경제적 능력을 갖추고 자신을 가꾸는데 시간과 돈을 적극적으로 투자하며 활발한 사회활동을 하는 기혼 여성을 일컫는다.

이전 아줌마의 이미지는 억척스럽고 무례하며 외모에 무신경한 매력 없는 부정적 이미지가 강했다. 이는 남성 우월적 사고가 지배한 우리 사회가 만들어 낸 여성 차별적 통념이었다. 그러나 여성의 사회진출이 확대되고 여성 경제활동인구가 증가하면서 남성에게 짓눌려 살던 여성의 반란이 서구에서 일어나면서 남성우위의 통념은 무너지기 시작했다.

1960년대 후반 학생운동, 반전운동, 흑인운동 같은 반체제 운동과 맥을 같이한 여성 운동은 페미니즘으로 나타났다. 페미니즘은 프랑스 작가 시몬느 보부아르의 영향이 컸다. 1980년대 이후 포스트 모더니즘의 영향으로 새롭게 부상한 페미니즘은 여성들 사이에 존재하는 사회적 불평등에 주목한다. 이에 따라 지금까지 페미니즘의 열풍은 남성의 권위를 위협할 만큼 그 위세가 당당해졌다. 극단적 페미니스트 그룹도 생겨났으며 남성들에게 치명적인 여자란 뜻의 팜므파탈femme fatale이 탄생했다. 그 대표적인 모습이 배우 사론 스톤이 연기한 〈원초적 본능〉의 캐서린이었다.

팜므파탈은 우리나라에서는 악녀의 캐릭터로 통한다. 화려한 외모에 섹시한 몸매로 남자를 감미롭게 유혹한 후 파멸시키거나 공멸을 자초하기도 한다. 옴므파탈homme fatale 역시 팜므파탈과 마찬가지로 남자의 치명적인 매력으로 여성을 유혹하여 파멸시킨다는 뜻이다.

팜므파탈과 옴므파탈은 그 이미지가 부정적인 반면, 아재파탈과 줌마렐라(줌마파탈)의 이미지는 긍정적인 요소가 강하다. 아재파탈과 줌마렐라는 TV나 영화를 통해 소셜네트워크서비스로 유통되어 그 이미지가 유행된 호칭이자 일종의 사회적 신드롬이다. 두 용어의 이미지는 기존의 20~30대 꽃미남과 꽃미녀 스타일의 남성상과 여성상이 아니라 40~50대 심지어 60대까지 아우르는 중년 남녀의 이미지이다.

중년세대로서 나이를 의식하지 않을 만큼 자기관리에 철저한 사람들로서 20대부터 꾸준한 몸매 가꾸기와 새로운 지식 충전으로 자기분야에서 독보적인 캐릭터를 구축함으로써 당당하고 멋진 중년으로 거듭난 신인류이다. 나이 들어서도 유머러스하고 젊은이에 못지않은 생동감으로 활력이 넘치며, 농익은 성숙감과 경제적 능력까지 갖춘 아재와 아줌마가 지금 상종가를 치고 있다. 늙었다고 뒤처져 포기하고 주저앉아 버리면 뚱보아재, 김치녀, 컴맹신세를 면치 못한다.

100세 장수시대를 맞아 노인의 기준연령을 70세로 높여야 한다는 목소리가 서서히 고개를 들고 있다. 금년 말이면 우리나라도 고령사회가 되어 각종 노인부양부담금이 급증하기 때문이다. 은퇴 후 제2의 인생을 인간답게 살려면 철저한 노후준비와 자기관리로 시대흐름에 잘 적응할 수 있어야 한다. 아재개그를 자연스럽게 구사하고 들을 줄 알아야 꼰대신세를 면할 수 있다. 아재와 아줌마의 긍정적 이미지가 아재파탈과 줌마렐라(줌마파탈)로 업그레이드된 세상에 적극적으로 동참할 수 있도록 열심히 배우고 운동하면서 자기관리에 힘써야겠다.

04

여자의 길 – 어머니의 사랑

여성 음주의 폐해

술꾼하면 으레 남자를 연상하기 마련이지만 그건 옛말이다. 여권신장에 따라 여자 술꾼도 증가하고 있다. TV 술광고는 예쁜 여성 연예인들의 독무대다. 요즘 한창 인기를 모으고 있는 모 여배우의 소주광고를 보면 여성들도 음주 유혹에 빠질 것 같다.

예전 같으면 상상도 못할 일들이 전파매체를 통해 다반사로 일상화되었다. 술에 취해 곤드레만드레된 여친을 업고 가는 흑기사(?)의 출현은 TV연속극의 단골 소재이다. 가족들이 함께 보는 드라마나 연예프로에서 음주장면의 지나친 노출이 음주를 부추기고 있다.

의학계의 연구보고에 의하면 남자의 음주 적정량은 소주잔으로 2잔 반 여자는 1잔 반이라고 한다. 물론 연구기관에 따라 좀 더 많은 양으로 수치화한 보고도 있지만 의학계가 연구 보고한 수치대로라면 그 이상 마시면 주취상태로 진입한다고 볼 수 있다.

딱 한잔만이라고 받아 마신 술이 두 잔이 되고 오고 가는 술잔 속에 정든다고 어느새 한 병을 마신다. 처음 한 잔은 쓰지만 자꾸 마시면 달달한 감주로 변한다. 사람이 술을 마시기 시작해 거나해지면 술이 술을 마신다. 그리고 종국에 가선 술이 사람을 마신다. 인사불성 고주망태가 되면 필름이 끊기는 상태까지 이른다. 1차 포장마차에서 시작된 술자리는 분위기에 따라 3차까지 가야 끝나기도 한다. 이렇게 시작된 음주습관은 결국 알코올 중독으로 빠져들게 만든다.

음주로 인한 사회적 손실은 돈으로 계산하기 어려울 정도이나 개략적인 통계수치는 연간 24조 가량 된다고 하니 엄청나다. 그러나 이 수치는 추측한 계수에 불과해 별 의미가 없다. 누가 신고하고 술 마시는가. 과음은 온갖 사회문제와 범죄발생의 근원이라 해도 과언이 아니다.

요즘 여성 성희롱으로 문제가 된 사건들을 보면 거의 술자리에서 발생했다. 직장인들의 회식자리에서 상사가 부하 여직원을 성희롱했다가 평생 각고의 노력으로 인정받는 지위에 올랐던 사람들이 옷을 벗거나 고발당하는 사례가 비일비재하다. 이처럼 음주로 인한 폐해가 남자들의 전유물로만 여겨지던 시대는 지났다. 자신도 모르게 술독에 빠져 알코올 중독자가 되는 여성들이 12년 새 두 배로 증가했다고 한다. 특히 14도 미만의 저도수 주류가 양산 시판되면서 이제 여성들도 술 한 잔 못하면 팔불출(?)로 인식될 지경에 이르렀다.

요즘 젊은 여성들의 음주가 특별하게 생각되지 않을 만큼 자연스럽게 되었다. 이로 인해 20~30대 알코올 의존증 환자수가 여성 전체 환자수의 35.4%로 남성(15.4)의 두 배가 넘는다고 한다. 이는 여성의 사회진출 확대와 함께 직장생활에서 겪은 스트레스를 음주로 푸는 경향과 무관하지 않다. 더구나 앞서 언급했듯이 20대 초반의 남녀 연예인을 기용한 술광고가 젊은 여성들의 음주습관을 부추기고 있는 것이다.

외국의 경우 우리처럼 젊은 여성 소비자를 겨냥한 술광고가 흔치 않다. 보건당국이나 금주단체에서 이를 강력히 감시하고 있기 때문이다. 음주로 인한 각종 사건 사고 특히 여성상대 범죄가 늘어나는 것을 방지하기 위해서라고 한다.

요즘 싱글족이 늘어나는 추세에 발맞춰 혼술이 유행처럼 번지고 있다. 저도수 소주를 칵테일바나 포장마차, 가정에서 혼자 마시는 여성들의 모습을 흔하게 볼 수 있다. TV 드라마의 단골 소재이기도 하다. 문제가 심각한 것은 40~50대 여성들이 빈집증후군에다 화병까지 겹쳐 집안 혼술을 즐기다 보니 자신도 모르게 알코올 중독에 빠져들고 있다고 한다. 답답하고 신경 쓰이는 일들로 잠 못 드는 밤이면 술 한잔해야 잠이 든다. 이런 생활이 반복되면서 알코올 중독이 되는데 정작 자신은 그걸 자각하지 못하고 있다는 것이 더 큰 문제다.

더구나 남성 우위의 사회적 통념이 강한 한국사회에서 여자가 술을 마시는 것을 탐탁잖게 여기는 편견으로 인해 혼술족이 늘어나고 있다. 흔히 말하는 알코올 중독증상은 술독에 빠져 헤어나지 못하는 사람과는 다르다고 한다. 퇴근 시간이 되어 귀가하지 않고 머뭇거리며 술 한잔 하고 싶은 생각이 무시로 나는 사람은 이미 알코올 중독이라고 진단하고 있다. 담배를 끊지 못하는 금단현상과 같다는 것이다. 알코올 의존증 환자가 늘어나는 원인은 여러 가지가 있겠지만 무엇보다도 음주문화에 관대한 우리 사회의 인식이 문제다.

인간관계에서 한국 사람들은 술이 필수다. 권하는 술을 사양하면 결례로 생각한다. 모든 뒷거래에 술은 중요한 매개체 역할을 한다. 그런데 여성의 경우 체내에 지방이 많고 수분이 적은데다 알코올 탈수효소ADH 등 해독에 필요한 물질이 부족하다고 한다. 그래서 술을 조금 마셔도 혈중 알코올 농도가 높아져서 뇌가 오랜 시간 영향을 받기 때문에 중독에서 헤어나기 어렵다고 한다. 임산부의 경우 미칠 악영향은 말할 필요도 없다. 여성 알코올 중독자의 증가에 대한 사회적 경각심 고취와 보건복지당국의 각별한 관심과 대책이 시급한 실정이다.

| 보통 사람들의 행복 |

04

—
여자의 길 – 어머니의 사랑
—

추석명절 소고

금년 추석은 공휴일과 한글날이 끼인데다 대체휴일까지 지정하여 장장 10일간의 긴 추석명절이 되었다. 한 달의 1/3을 놀고먹은 셈이다. 이 기간 동안에 약 4,700만 명의 인구이동이 있을 거라고 예측했다. 전체 인구의 90%가 움직인다는 계산이다. 해외여행 예매티켓은 한 달 전에 이미 동이 났으며 국내 유명 관광지의 숙박예약도 마찬가지였다.

정부에서는 대외수출경기와는 달리 좀처럼 회복세를 보이지 않고 있는 내수경기진작을 위해 대체 공휴일까지 지정했지만 기대한 만큼 낙수효과를 거두었는지 의문스럽다. 사드발 중국의 대한 무역보복으로 중국을 상대로 한 물적·인적 거래와 교류는 직격탄을 맞았다. 우리와 같이 중추절을 즐기는 중국인들이 이번 추석 때 얼마나 한국을 방문했는지 모르겠다. 아무튼 장기간의 추석명절 특휴로 너도나도 해외여행을 떠났다. 국내 여행경비와 비슷한 동남아 지역으로의 여행이 급증하는 대신 한국을 찾는 외

162 •

국인(유커)의 방문은 대폭 줄어들어 제주도의 관광산업에 빨간불이 켜졌다고 한다.

이러한 추석명절 특휴에도 명암은 존재한다. 추석날 단 하루만 쉬고 일하라는 모 대학의 현장직원에 대한 근무 지시로 근로자들이 발끈했다. 참 딱한 노릇이다. 세상 돌아가는 흐름도 파악 못 하는 대학교가 학생들에게 무엇을 가르치는지 모르겠다.

대기업과 중소기업, 자영업에 종사하는 사람들의 추석명절도 각각 달랐을 것이다. 중소기업이나 자영업자들이 정부에서 정한 대체휴일까지 즐길 만큼 여유가 있을까. 물론 시장의 메커니즘을 정부가 천편일률적으로 통제하는 것은 자본주의 경제체제하에서는 불가능하다. 그러나 어느 정도 가이드라인은 제시해야만 그기에 준해서 각자 상황에 맞춰서 적절히 조절해 보낼 수 있을 것이다.

이번 추석기간 중 10월 3~5일까지 3일간 고속도로통행료를 면제했다. 금전적 부담 경감과 함께 도로소통의 흐름도 빨라지는 이중효과를 노린 것 같다. 그러나 사흘 동안 1,583만 대가 고속도로를 이용해 통행료 면제금액은 677억 원에 달했으며 그중 민자 고속도로통행료 142억 원은 세금에서 충당되었다. 정부의 통 큰 조치로 새 정부의 인기는 높아졌을지 모르지만, 복지사각지대에서 외롭고 쓸쓸하게 추석을 보낼 사회취약계층에 이 돈이 지원됐더라면 어땠을까 하는 아쉬움이 따른다.

65세 이상 독거노인들에게 10킬로그램 쌀 한 포대와 과일 1박스, 또는 온누리 1만 원 상품권 다섯 장(자선단체에서 지원받은 것 같다)을 보낸 것으로 복지행정 만세를 외친다면 큰 오산이다. 노인인구 750만 명에 독거노인 120만 시대를 맞아 인간으로서 최소한의 기초적인 삶을 누릴 수 있는 생계대책을 완벽하게 수립하고 있는지 의문스럽다. 하루가 멀다 하고 독거노인들의 자살소식을 접하면서 세계 10대 경제 강국이라는 대외 위상과는 달리, 아직도 복지후진국의 수준에 머물고 있는 겉 다르고 속 다른 우리나라의 서민복지정책에 실망을 금치 못한다.

최장 추석명절에 고속도로와 국도는 꼬리에 꼬리를 문 귀성·귀경 자동차 행렬로 몸살

을 잃았다. 말이 10일간의 휴일이지 정작 귀성객들이 자기 부모형제들과 고향에서 보내는 기간은 고작 2~3일 정도이다. 전날 도착해서 일박한 후 다음 날 차례 올리고 성묘를 다녀오면 귀갓길에 오른다. 개인주의가 몸에 밴 신세대들은 적막한 시골의 삶에 흥미를 느끼지 못한다. 가족 간의 대화도 별로 없고 온통 휴대폰에 혼을 빼앗긴 채 한시도 눈을 떼지 못한다.

애나 어른이나 마찬가지다. 모처럼 시가에 온 며느리는 추석 차례상 준비와 뒤치다꺼리로 피곤하다며 귀가를 재촉한다. 추석차례라 해봐야 하루 일거리도 안 되는 작은 일이지만 그런 일을 귀찮게 여기는 신세대 여성들은 시가에 가기조차 꺼린다. '시가 먼저' '친정 먼저' 하며 입씨름하다가 부부싸움까지 한다. 급기야 이것이 빌미가 되어 이혼까지 한다니 통탄할 일이다. 또 명절 때만 되면 차례상 준비와 뒤치다꺼리로 몸에 이상이 생겨 한국에만 있는 '명절 증후군'이라는 희한한 병명까지 생겨났다. 물론 이에는 아직도 가부장적이며 가사에 무관심한 한국 남성의 책임도 크다는 점을 인정해야 한다. 그러나 1년에 두 번 있는 명절조차 감당 못할 정도라면 무슨 일을 하겠는가. 세상이 아무리 변했다고는 하지만 한국인의 정서적 유대감은 끈끈한 가족애이다. 그렇다고 수직적인 가족애와 의무적인 효도만을 의미하는 것은 아니다. 시대흐름과 자기분수에 맞게 인간으로서의 기본적인 도리를 다하면 되는 것이다.

고향은 언제나 고향이다. 몸은 멀리 떨어져 있어도 마음만은 항상 고향에 머물고 있다. 그래서 그리움은 계속되고 떠난 고향에 대한 향수는 이런 추석명절 때 더욱 간절한 것이다. 떠나온 조국과 고향으로 되돌아갈 수 없는 국외 추방자와 실향민은 세계 도처에 산재해 있다. 1천만 실향민과 새터민 3만 명의 한국도 예외는 아니다. 추석명절을 맞아 임진각 방배단에서 고향을 향해 절하며 부모형제 그리워 눈물짓는 그들의 슬픔은 우리 민족의 비극이다. 통일 된 한국의 행복한 추석명절을 그리면서 갈 수 있는 고향이 있다는 것만으로도 감사하며 살아야겠다.

| 보통 사람들의 행복 |

여자의 길 – 어머니의 사랑

5월은 잔인한 달인가

계절의 여왕 5월을 맞아 아름다운 장미와 라일락 향기가 천지를 진동한다. 사랑과 정열의 장미와 첫사랑과 젊은 날의 추억을 상징하는 라일락의 만개로 봄꽃의 향연이 절정을 이룬다.

금년 5월은 부처님 오신 날을 시작으로 어린이날. 어버이날, 대선일, 스승의 날 등 휴일이 겹쳐 월초부터 황금연휴를 즐기려는 인파로 공항과 KTX역이 붐빈 가운데 열띤 대선전도 대단원의 막을 내렸다. 이처럼 휴일과 기념일이 많다는 것은 돈의 씀씀이가 늘어난다는 뜻이다.

빠듯한 살림살이에 특히 어린이날과 어버이날은 부담스럽다. 애들 맘에 드는 장난감 하나가 20만 원이고, 양가 부모님 용돈도 수월찮다. 예전에는 선물 하나 사서 보내면 만족하셨는데 요즘은 현금봉투가 최고 효도선물이 되었다. 부모님과 함께 살 때는 형제자매들이 모여 식사 한 끼 하는 것으로 족했다. 각자 흩어져 사는 핵가족 시대를 맞아 어버이날에 부모님을 찾아뵙고 봉투도 드리고 식사도 대접해야 하는데 그게 말처럼 쉽지가 않다. 영리해진 부모들은 굳이 번거롭게 오지 말고 두둑한 현금봉투나 보내길 은근히 기대하는 눈치다. 경로당에 모여 하시는 말을 들어보면 누구 집 아들딸은 2십만 원씩 보냈고, 어떤 집 딸은 잘 살아 매달 용논도 30만 원씩 보내면서 50만 원에 보신제까지 한재 지어 보냈다는 둥 자식들의 살림살이가 고만고만한 노인들은 그 소리에 기가 팍 죽고 만다.

한편 부모님께 평소 매달 용돈조차 제대로 드리지 못해 어버이날이 오면 큰맘 먹고 두둑한 봉투라도 보내고 싶지만 그게 어디 뜻대로 되는가. 형제가 많다보면 이런 때 잘사는 형제와 못사는 형제 간에 갈등이 생긴다. 그래서 고향 부모와 아예 담을 쌓고 지내는 자식들이 많다고 한다. 주변의 지인들 중 퇴직하여 경로당 신세가 된 분들의 애기를 들어보면 매달 아들이나 딸로부터 얼마간이라도 용돈을 받는 사람이 많지 않은 것 같다. 짐작컨대 20% 미만인 것 같다.

그런데 또 하나 골칫거리는 전에 주로 겨울철에 했던 결혼식을 4~5월 봄철에 많이 하고 있어 이 또한 큰 부담이다. 체면치레를 중시하는 상부상조의 미풍양속이 이제 가계를 압박하는 부담으로 작용하고 있다. 어린이날과 어버이날에 결혼식 등 경조사가 몇 차례가 겹치면 그 달은 완전 적자 가계부를 써야 한다. 연말은 그래도 보너스라도 나와 벌충이 되는데 5월엔 완전히 생돈이 나가니 죽을 맛이다.

흔히 4월을 잔인한 달이라고 한다. 영국 시인 토마스 엘리엇이 쓴 〈황무지The waste land〉라는 시에서 그렇게 노래했기 때문이다. 하지만 월급쟁이에겐 4월보다 5월이 더 잔인한 달(?)인 것 같다. 나는 남매를 두고 있지만 아직 미혼이라 부모에 의지해 공부하는 형편이라 부담감은 덜하겠지만 머잖아 앞서 언급한 일들로 힘들 것 같다. 부지런히 돈을 모아 잘살아야 내가 만년에 호강(?)을 누릴 텐데 어찌될지 모르겠다. 지금 생각으로는 아예 기대를 안 하는 게 맘 편할 것 같다. 갈수록 경쟁이 심해지는 팍팍한 세상인심이 우리 아이인들 그리 안 하리란 보장이 없지 않겠는가. 더구나 높은 육아비와 사교육비 부담으로 결혼은 하되 자식은 갖지 않겠다는 젊은 커플들이 늘어나고 있어 걱정스럽다. 5포세대에서 N포세대로 방황하는 청년백수 100만 시대를 맞아 꿈을 잃은 청춘들이 너무 안타깝다.

이런저런 생각을 하면서 느낀 것이지만 왜 하필 5월에 이렇게 돈 쓸 날을 몰아서 정했는지 모르겠다. 살기가 넉넉하다면야 몰려 있든 분산되어 있든 상관없겠지만, 5월은 어린이날, 8월은 어버이날, 10월은 스승의 날로 정한다면 지출이 분산되어 부담이 가볍지 않을까 싶다. 어렵겠지만 평소 매달 얼마간의 용돈을 부모님께 드리면 이런 기념일엔 작은 성의만 표해도 되고 자주 찾아뵙지 못하지만 자식 된 도리를 다하는 것 같아 마음이 가벼울 것이다.

장미 공원에 만개한 가지각색의 장미가 방금 내린 비로 영롱한 이슬을 머금고 있다. 마치 장미꽃의 화려함 속에 감춰진 가시처럼 5월의 화려함에 가려진 월급쟁이 자식들의 숨겨진 가슴앓이에 씁쓸한 느낌을 지울 수 없다. 고교를 졸업하든, 대학을 졸업하든 자기

적성에 맞는 직장에 취직해서 5월 어버이날이 부담스런 날로 느껴지지 않은 때가 왔으면 좋겠다. 두툼한 효자봉투를 받아들고 우리 자식 최고라며 주름진 얼굴 활짝 펴고 웃으시는 부모님들의 모습을 상상해본다.

아무리 효가 땅에 떨어진 세상이라고는 하지만 우리 민족의 정서 속엔 부모님께 효도하는 것이 자식 된 도리라는 것은 다 알고 있다. 올봄 어버이날에 다소 서운했던 부모님들은 다음 해 좋은 소식을 기대하며 즐거운 마음으로 이 아름다운 5월을 보냈으면 하는 마음 간절하다. 화려한 봄꽃이 절정을 이루는 5월, 답답하고 서운한 맘을 봄나들이로 훌훌 털어 버리고 즐거운 날들로 가득하길 기대해 본다.

| 보통 사람들의 행복 |

04

여자의 길 – 어머니의 사랑

평생교육과 인생학교

제2의 인생학교인 평생교육이 붐을 이루고 있다. 주로 50대 이후 은퇴세대를 대상으로 각종 교육프로그램에 3~40대 젊은 층도 많이 참여하고 있다. 평생교육시스템은 자치단체가 직접 운영하는 것도 있지만 대부분 지자체 내 대학과 산학 협력체제로 운영되고 있다. 교육부에서 지정한 특정 평생교육 프로그램은 학제와 연계시켜 학점취득의 기회까지 부여한다. 지역대학에 위탁한 경우 대학의 자체 프로그램과 중복되지 않도록 편성하여, 일반인 누구나 한 학기(3개월 코스) 단위로 자치단체가 지원하는 금액을 공제한 자부담(6~8만 원)만 내면 등록하여 수강할 수 있다. 대학 자체 프로그램은 전문자격증 과정으로 순수 자부담(20~30만 원)으로 수강 하여야 한다. 또한 자치단체 부설 노인복지센터나 여성회관, 문화예술재단, 복지회관에서 무료 또는 적은 금액으로 개설한 평생교육 프로그램도 운영되고 있다. 그 밖에 백화점이나 문화예술단체에서 운영하는 문화교실 등 평생교육 수강의 문은 활짝 열려 있다. 그러나 이런 각종 평생교육 프로그램은 교육 주체들 간의 프로그램 조정이나 네트워크화된 통합시스템 없이 중구난방 식으로 운영되고 있어 평생교육의 효율성과 효과성 측면에서 기대한 성과를 내고 있는지 의문스럽다. 자칫 양에 치우친 생색내기 교육으로 그칠 공산이 크다. 교육프로그램도 대부분 취미 교양분야로 천편일률적이고, 운영시스템도 모집강사에 의한 전달식 강의에 그치고 있다. 대학이나 기관단체별로 특화된 프로그램 없는 중복 편성된 강좌로 수강생이 미달되어 폐강되는 사례도 있다. 공통적인 문제점은 강사진의 질적인 문제와 교육 후 추수관리가 전혀 이뤄지고 있지 않다는 점이다. 따라서 평생교육에 대한 피드백으로 교육성과 측정이 되지 않아 교육의 질적인 향상은 기대하기 어렵다. 특정 프로그램의 경우 수강생의 수준 조절 없이 마구잡이식으로 등록시켜 2~3차례 재수강하는 강좌도 있는 것으로 알고 있다.

그런데 이런 지방의 평생교육과는 달리 서울시의 50플러스 재단에서 운영하는 평생교육사업은 당연 주목의 대상이 되고 있다. 평생교육을 제2의 인생시작 프로그램으로 체계적으로 운영하고 있다. 주요내용을 보면 제2인생설계, 제2경력개발, 커뮤니티 지원, 자기개발 및 취미여가, 특화사업 등 다채롭다. 지방에서 취미여가 위주로 운영되는 것과 비교되는 알찬 평생교육 프로그램임을 알 수 있다. 서울시는 50플러스 사업을 정책개발, 캠퍼스 운영, 일자리 모델개발, 신문화 확산이라는 복합 개념의 종합 인생학교를 목표로 운영하고 있어서 웬만한 전문교육과정에 비교해도 손색이 없을 정도이다. 서울시는 권역별로 6개의 캠퍼스를 설치하여 특화된 평생교육 프로그램으로 은퇴 후나 경력단절 시니어에게 맞춤식 일자리 창출교육도 실시하고 있다. 50플러스 세대를 위한 맞춤형 교육정책을 발굴하고 개발하기 위해 정보와 지식을 모으며 연구하고 있어서 평생교육의 피드백에 의한 성과측정이 가능하다고 한다. 또 한 가지 특이한 평생교육 시스템은 민간단체가 주체가 되어 운영하는 인생학교THE SCHOOL OF LIFE이다. 단순히 강의식 프로그램만 운영하는 민간평생교육이 아니라 쉼터와 커뮤니티 공간이 함께하는 수준 높은 교육프로그램

| 보통 사람들의 행복 |

을 운영하고 있다. 인생학교는 철학가이자 소설가인 프랑스 작가 알랑 드 보통이 예술, 교육, 문화계에 종사하는 지인들과 함께 2008년에 영국 런던 마치몬트 거리에 세운 학교의 한국 분교이다. 아시아 최초로 9번째 분교로 출범한 인생학교의 교장은 아나운서 출신으로 여행작가 소설가로 유명세를 탄 손미나 씨이다. 대학 평생교육과 관주도 평생교육과는 교육프로그램 운영방식이 다르다. 카페식으로 개조한 쉼터 겸 커뮤니티 공간이 바로 교육장이다. 회원제 운영과 과정별 운영으로 구분해서 비교적 저렴한 수강료로 질 좋은 강좌를 수강할 수가 있다. 이 인생학교는 행복한 삶을 위한 조건들과 가슴 뛰게 하는 직업선택, 사랑하는 사람들과의 원만한 인간관계 정립을 교육목표로 삼고 있다. 이처럼 서울과 지방은 평생교육에도 격차가 있음을 알 수 있다.

100세 장수시대를 맞아 평생교육은 피할 수 없는 선택이 아닌 필수가 되었다. 은퇴 후나 50세 이후 인생이모작을 성공작으로 만들기 위해서는 재교육에 의한 지식과 교양의 재충전은 피할 수없는 과제가 되었다. 시인 류시화는 살고LIVE, 사랑하고LOVE, 웃으며 LAUGH, 배우는LEARN 포 엘FOUR L이 우리가 이 땅에 존재하는 이유라고 했다. 삶은 하나의 모험이거나 현실 안주이다. 우리가 존재가치를 느끼고 싶다면 지금 이 순간 열정을 품고 가슴 뛰는 삶을 살지 않으면 안 된다. 각자 인생 2모작에 대한 끊임없는 탐구와 모색의 텃밭인 평생교육과 인생학교의 참 의미와 가치를 새롭게 되새겨 봐야 할 때이다.

| 보통 사람들의 행복 |

04

여자의 길 – 어머니의 사랑

여자의 길 – 어머니의 사랑

그 옛날 옥색 댕기 바람에 나부낄 때
봄 나비 나래 위에 꿈을 실어 보았는데
날으는 낙엽 따라 어디론가 가버렸네
무심한 강물 위에 잔주름 여울지고
아쉬움에 돌아보는 여자의 길

언젠가 오랜 옛날 볼우물 예뻤을 때
뛰는 가슴 사랑으로 부푼 적도 있었는데
흐르는 세월 따라 어디론가 사라졌네
무심한 강바람에 흰머리 나부끼고
아쉬움에 돌아보는 여자 여자 여자의 길

가수 민우혁이 '불후의 명곡2' 이미자 편에서 열창하여 또 한바탕 청중들과 시청자를 눈물짓게 하였다. 이 노래는 1972년 안방

극장을 눈물바다로 만들었던 KBS 일일 연속극 '여로'의 주제가다. 국민가수 이미자의 애간장을 태우는 목소리가 배경음악으로 깔리면 모두들 눈시울을 적시곤 했다. TV드라마로 70%에 달하는 높은 시청률을 기록했으며 방송시간인 오후 7시 30분에는 거리가 썰렁하고 택시기사도 영업을 멈추었다고 하니 가히 '여로' 열풍을 짐작하고도 남는다.

이미자의 노래도 노래지만 노랫말 한줄 한줄이 어머니의 지극한 희생과 사랑을 가슴 가득 넘치게 하는 시로 엮었기에 더 깊은 감동을 준 것 같다. 아무리 세상이 각박해졌다고는 하지만 인간의 내면에 잠재된 모성본능과 어머니에 대한 사랑은 변할 리 없다. 삶에 지치고 인간에게 배신당하는 삶을 살다보니 잠시 그 사랑을 잊고 살 뿐이다. 내 어머니가 저세상에 가신 지도 어언 7년이 지났다. 살아 계실 때 잘해 드리지 못한 것이 늘 마음에 걸린다. 갑자기 돌아가셨기에 후회스런 마음뿐이다. 인생이란 늘 후회하며 사는 것이라고 하지만 나를 낳아 길러 준 어머니의 거룩한 희생과 사랑은 자신이 엄마가 되어 보아야 비로소 깨닫게 된다. 어머니로부터 받은 한없는 사랑을 100분의 1이라도 갚아야 하겠다고 생각하는 순간 어머니는 이미 내 곁을 떠나고 안 계신다. 그래서 못해 드린 사랑을 그 어머니는 자식에게 물려주고 또 그 자식은 어머니가 했던 후회를 반복하며 살아간다.

송강 정철은 "어버이 살아신제 섬기일랑 다하여라. 돌아간 후면 애닯다 어이 하리 평생에 고쳐 못할 일은 이뿐인가 하노라."고 읊었다. 아무리 인륜지도가 땅에 떨어진 세상이라 하지만 '어머니' 하면 벌써 눈시울이 찡해 온다. 효란 강요해서 생기는 게 아니다. 자기 스스로 어머니의 위치에 서서 자식을 낳고 길러봐야 깨닫는 것이다. 시집간 딸이 아들보다 친정부모 생각이 끔찍한 것도 그 때문이다. 유대인 속담에 '신은 어느 곳이나 있을 수 없어서 어머니를 만드셨다.'고 했다. 어머니가 신 대신 역할을 한다는 격언이다.

이제 한 달이 지나면 구정이 온다. 벌써 귀성열차 예매가 시작되었다. 수백만 명의 민족 대이동이 시작될 것이다. 열차로 혹은 자가용으로 고향의 부모님을 방문할 것이다. 고인이 되신 부모님은 산소를 찾게 될 것이다. 그러나 형편이 여의치 않거나 생업 때문에

귀성을 포기하는 사람도 있을 것이다. 혹은 귀찮다고, 실업자라고, 부모님이 자신에게
해준 게 없다고 싫어서 고향을 찾지 않는 사람도 있을 것이다. 인생은 이 세상에 태어난
이상 누구나 한 번은 떠나야 할 숙명을 타고났다. 부모님 생전에 최소한의 보답은 하고
떠나야 두고두고 후회하며 눈물짓지 않을 것이다. 자신의 사후 자식들이 자기 무덤이나
납골당을 아무도 찾지 않고 방치한다면 저승에 가서도 얼마나 외롭고 쓸쓸하겠나. 설 명
절을 맞아 등 굽은 늙으신 어머니가 동구 밖까지 나와 자식 오기를 눈이 빠지도록 기다리
다 실망하여 발길을 돌린다면 얼마나 가슴 아프고 섧겠는가. 인간이 짐승과 다른 것은 사
랑을 사랑으로 보답하는 생각하는 동물이기 때문이다. 자신의 꿈은 숨겨 두고 자식의 꿈
이 희망 되니, 한평생 나를 위해 그렇게 사셨구나. 행여나 부족할까 넘치도록 다 주고도
해준 것 하나 없다, 그렇게 사셨구나. 아쉬움에 돌아보는 여자의 길!

세상의 모든 어머니들, 희생과 사랑의 길을 걸어온 어머니를 향해 바치는 눈물의 노래
'여자의 길'이 새삼 가슴을 치며 다가온다.

04

여자의 길 - 어머니의 사랑

오드리 명언

오드리 헵번 하면 떠오르는 이미지가 다양하다. 173센티의 키에 49킬로밖에 나가지 않는 가녀린 몸매. 천진난만한 얼굴에 커다란 왕방울 눈. 가녀린 허리를 질끈 동여맨 벨트. 한때 세계를 풍미했던 웨이브가 큰 단발풍의 헤어스타일 등등.

그녀는 출세작 〈로마의 휴일〉 출연 이후 세계적인 스타가 되었다. 이 영화로 아카데미 여우주연상을 수상한 후, 〈샤브리나〉, 〈티파니에서 아침을〉, 〈마이 페어 레이디〉 등 출연작마다 대히트를 쳤다. 그러나 그녀의 개인적인 삶인 결혼생활은 순탄치가 않았다. 배우자의 바람기로 두 번이나 이혼한 그녀는 죽을 때까지 아들 둘과 살았다.

이처럼 세계적인 명성을 얻은 배우로서 편안한 노후를 보낼 수 있었던 그녀는 60세를 바라보는 나이에 유니세프 친선대사로 임명되면서 배우 아닌 자선가로서의 또 다른 인생을 살게 된다. 뭇 배우들이 스캔들로 얼룩진 불운한 삶을 산 것 과는 달리, 그녀는 인류애적 휴머니즘을 몸소 실천함으로써 세계인의 존경을 한 몸에 받게 되었다. 60이 넘은 쇠약한 몸으로 소말리아 빈민구호 활동에 나선 그녀는 현지 어린이들의 비참한 삶에 통곡하면서 사랑의 손길로 그들의 아픔을 어루만져 주었다.

그녀는 평소 연기나 명예보다도 가정의 평화와 안정을 최우선시했다. 두 아들도 올바른 인성을 갖도록 훈육하며 양육했다. 아프리카 오지를 누비며 친선대사활동을 펼치던 그녀는 대장암에 걸려 63세를 일기로 세상을 떠났다.

그녀의 아름다운 외모와 연기, 약자를 돕는 헌신적인 삶은 전 세계 여성들이 가장 닮고 싶은 여자의 반열에 올려놓았다. 그리고 자녀교육 시 들려준 말들은 이제 오드리 명언이 되어 인구에 회자되고 있다. 연기자로서 세상에 그 이름을 떨쳤지만 그녀는 석학도, 위대한 철학자도 아니었다. 다만 그녀가 몸소 행동으로 실천해 보여준 따뜻한 인류애는 배우 헵번을 뛰어넘어 가장 본받을 만한, 가장 닮고 싶은 여인상으로 남게 하였다. 아름다운 외모만큼 아름다운 내면세계를 가졌던 연인 오드리 헵번. 그녀가 남긴 말들은 우리가 어떻게 살아야 가치 있는 삶을 살 것인가를 적시해준다. '사람들은 상처로부터 복구되어야 하며, 낡은 것으로부터 새로워져야 하고, 병으로부터 회복되어야 하며, 고통으로부터 구원받아야 한다. 결코 누구도 버려져서는 안 된다.' 그녀가 세상을 떠난 지 만 20년이 되었지만 그녀는 죽어서 더 아름다운 여인으로 남아 있다.

04

—
여자의 길 – 어머니의 사랑
—

내 인생의 멘토

　오늘의 주제는 제 인생의 멘토에 대한 이야기입니다. 제가 인생의 전환점을 찾기 위해 만학의 길에 들어선 야간대학 강의실에서 제 인생의 멘토를 만났습니다. 긴장된 강의 첫 시간. 그분의 첫인상은 매우 딱딱하고 엄격해 보였습니다. 단정한 복장에 날카로운 시선, 바늘로 콕 찔러도 피 한 방울 날 것 같지 않는 흐트러짐 없는 태도에 일순간, 강의실은 쥐 죽은 듯이 침묵이 흘렀습니다. 그러나 강의가 계속되면서 겉모습과는 달리 속 깊은 내면세계를 엿볼 수 있었습니다.

　그분 역시 주경야독으로 최고학위과정까지 10년 동안 어렵게 공부한 분이었습니다. 이론과 경험을 겸비한 해박한 지식으로 무장한 열강은 강의실을 압도했습니다. 딱딱한 사회과학을 강의하면서도 위트 있는 유머와 문학을 맛보기로 곁들이면서 폭포수처럼 쏟아 내는 달변에 혼이 빠지곤 하였습니다. 동서양을 넘나들며, 문학과 예술세계까지 아우르는, 박학다식에 혀를 내둘렀습니다, 신춘문예에 당선된 소설가이자 수필가로, 신문과 잡지에 칼럼을 고정 기고하는 칼럼니스트로, 각종 행사의 연설문 수천 편을 쓴 스피치라이터로, 또한 향토사 연구가로서 지역 향토사와 시군사·기업사·문중사를 집필하고, 취미로 영상물을 제작하는 VJ이자 프로를 능가하는 아마추어 포토그래퍼로서 다재다능한 분이었습니다.

이게 다가 아닙니다. 영어·일어에 능통하고, 중국어와 독어도 공부하며 8개 국어에 도전하는 공부벌레였습니다. 이처럼 자신이 걸어온 주경야독의 힘들었던 과정을 우리들에게 상기시키며 용기를 잃지 말고 끝까지 학업에 정진하라고 격려했습니다. 인간은 죽을 때까지 학습하는 존재임을 귀에 못이 박히도록 수없이 강조하였습니다.

대학 2학년 1학기 무렵, 저는 가족의 깊은 우환과 사업상의 어려움으로 학업을 중단해야 할 위기에 처했습니다. 그때 나의 고민을 청취한 그는 안 되는 일은 빨리 포기하고 때를 기다리라고 했습니다. 그런데 학업은 절대로 포기해서는 안 된다고 했습니다. 실의에 빠진 제게 카톡으로 격려와 위로의 조언을 수없이 보내 주었습니다.

그의 고민 해법은 간단했습니다. 마음이 심란할 때는 책을 읽어보라는 것입니다. 책 속에 길이 있다고 하였습니다. 그는 앎에 대한 지적 욕구와 열정이 넘쳐나는 분이었습니다. 아마 이분의 격려와 채찍이 없었더라면 저는 학업을 중도에 포기하고 말았을 것입니다. 자신도 주경야독 과정에서 학업포기를 수없이 생각했으나 죽을힘을 다해 그 고비를 넘겼다고 했습니다. 60대인 지금도 하루 4~5시간의 수면을 취하면서 영어, 일어, 중국어와 역학 공부를 계속하고 있답니다. 저 역시 만학의 꿈을 계속 이어 나갈 사람으로서 이런 분을 멘토로 만난 것을 큰 행운으로 생각합니다.

제 삶이 고달프고 학업을 계속하기 힘들 때 용기와 자신감을 잃지 않도록 격려해 줄 멘토가 있어서 마음 든든합니다. 여러분도 저처럼 인생의 등대가 되어 줄 멘토를 만나, 못다 이룬 배움의 꿈을 이루시길 기대하면서 제 이야기를 마치겠습니다. 재미없는 이야기를 끝까지 경청해주셔서 감사합니다.

사람을 사는 이야기

05

05

— 사람 사는 이야기 —

무술년 새해를 맞으며

어느 해보다 뜨겁고 치열했던 정유년 한 해가 저물고 무술년 새해가 밝았다. 60년 만에 도래하는 황금 개띠 해를 맞아 지난해 이루지 못한 소망을 이루어 보겠다는 모두의 열망이 성취되기를 기원해 본다. 갈등과 대립의 순간들이 중첩되어 혼란스러웠던 정유년 붉은색의 해. 그렇게 갈망했던 화합과 안정의 꿈은 또 다른 갈등을 낳으며 나아질 기미를 보이지 않고 있다. '너 아니고 나'라는 이분법적 대결논쟁은 국론 분열의 휴화산처럼 똬리를 틀고 있다. 무엇이 옳았고 그른지는 많은 시간이 흐르고 나면 역사가 심판할 것이다.

봇물 터지듯 쏟아지는 각계각층의 욕구분출은 어쩌면 이 사회가 지금까지 안고 있던 구조적인 모순점의 자연적인 표출일지도 모른다. 가진 자와 갖지 못한 자, 많이 배운 자와 그렇지 못한 자, 권력을 쥔 자와 잃은 자가 처한 상황적 반목과 갈등은 또 다른 분열의 단초가 되어 혼란을 초래할 것이다.

동서고금을 막론하고 인간사의 이면은 치열한 권력 투쟁의 연속이었다. 뺏고 빼앗기는 싸움의 반복 속에서 그래도 인류역사는 진화하고 발전을 거듭해 왔다. 역사학자 아놀드 토인비는 '인류역사는 도전과 응전의 각축장이었다.'고 했듯이 한시도 멈추지 않고 흥망성쇠를 거듭해 왔다.

원시수렵시대를 지나 안정된 농경사회를 오래 유지해온 인류는 17세기 산업사회를 맞아 혁명적인 변화를 거치며 발전하였다. 지금 우리는 후기산업사회를 지나 지식정보사회를 살아가고 있다. 어제의 지식이 휴지조각이 되고 어제의 비윤리가 윤리로 둔갑하는 광스피드시대가 되었다.

IT기술의 발전은 AI(인공지능)시대로의 진전으로 정보독점에 의한 새로운 독재(?)의 출현을 경계하는 경고음이 울리고 있다. 시대변화에 대한 적응성의 위기에 빠진 현대인들은 혼돈과 복잡성의 수렁에서 헤어나기 위해 치열한 경쟁과 맞서고 있다. 갈수록 벌어지는 빈부격차는 인간다운 삶을 추구하는 보통 사람들의 꿈을 빼앗아 가버렸다. 개천에서 용이 나는 시대는 옛말이 된 지 오래다.

4년제 대학을 나오고도 취업 못한 청년백수들이 자신들을 5포세대니 N포세대니 하며 자조적인 푸념을 내뱉고 있다. 정부에서는 청년 일자리 창출을 위해 안간힘을 쓰고 있지만 구직자와 구인자 간의 미스매치로 성과를 내지 못하고 있다. 궁여지책으로 공무원 수를 증원해서 청년 취업난을 해소코자 하지만 이는 근본적인 실업대책이 되지 못한다. 비생산적인 공공부문의 비대화는 국민들에게 또 다른 부담으로 작용하기 때문이다.

어디 청년 실업문제뿐인가. 지난해 말 총인구의 14%를 넘긴 노인인구(730만 명)는 초고령사회 진입의 서막을 알리는 신호탄이다. 이는 복지재정부담을 가속시킬 요인으로 작용할 것이다. 특히 그중 130만 명에 이르는 독거노인의 열악한 생활실태는 사회문제화되고 있다. 복지의 사각지대에서 최저생계비에도 미치지 못하는 수입으로 연명하는 독거노인들은 얼음장같이 차가운 쪽방에서 매서운 추위와 싸우며 겨울을 나고 있다.

| 보통 사람들의 행복 |

이처럼 부의 편중과 대물림이 심화되는 시대를 사는 서민들의 새해 소망과 꿈은 무엇일까. 무엇보다도 우리 모두의 가슴에 응어리진 갈등과 대립의 해소가 시급하다. 나보다 너를 인정하고 배려하는 포용과 관용의 자세와 국민의 신뢰를 회복하는 정치권의 각성이 급선무다. 내가 당했으니 너도 한번 당해보라는 식으로 복수혈전에 국력을 낭비하다 보면 국론분열과 갈등의 골은 더 깊어질 것이다. 보수와 진보라는 이분법적 사고의 도그마에 빠진 편협한 사고와 인식으로는 국민적 합일점을 찾기는 불가능할 것이다.

인간은 누구나 자기모순의 독단에 빠지기 쉽다. 내가 하는 일과 생각은 모두 옳고 다른 사람은 그르다는 생각의 함정에 빠지면 세상사 모두가 삐딱하게 보인다. 왜 예수가 원수를 사랑하라고 했으며, 부처가 중생들에게 자비를 베풀라고 했겠는가. 아무리 정당한 일도 금도를 넘으면 정당하지 못한 것으로 비난받기 일쑤다. 체코의 반체제 소설가 밀란 쿤데라는 그의 소설 《참을 수 없는 존재의 가벼움》에서 "인간의 삶이란 오직 한 번만 있는 것이며 한 번뿐인 것은 전혀 없었던 것과 같다. 니체가 말하는 영원성이 무거움이라면, 일회성은 가벼움이다. 그러나 이 대립이 옳고 그름이나 좋고 나쁨의 가치로 환원되는 것은 아니다."고 했다. 이 말은 우리의 삶이 무거움(영원성)과 가벼움(일회성)의 대립적 관계로 단정할 수 없듯이, 옳고 그름 또한 영원성과 일회성으로 단정할 수 없기에 참을 수 없는 존재의 가벼움을 느낀다는 것이다.

인간의 생명은 유한한 존재로 이 세상에 잠시 머물다가 떠나게 되어 있다. 광대무변의 우주를 생각하며 한 점 티끌 같은 존재에 불과한 것이 인생이다. 무술년 새해를 맞아 대립과 갈등이 사라지고 화합과 동행이라는 대명제하에 국민적 합의를 도출해 낼 수 있는 나눔과 배려의 행복시대가 열리길 기대해 본다. 국민 모두가 이 땅에 태어난 것에 감사하고 누구도 소외받지 않고 인간적인 삶을 누리는 보편적 복지가 자리 잡는 한 해가 되기를 간절히 기원해본다

05

—
사람 사는 이야기
—

근로시간 단축과 중소기업

얼마 전 근로시간단축안이 국회환경노동위에서 전격 합의되었다. 주 68시간에서 52시간으로 14시간을 단축하여 시행함으로써 일자리 나눔job share문제를 해결하겠다고 한다. 가뜩이나 심각한 청년실업문제의 급한 불을 끄기 위해서 내린 고육지책이 아닌가 싶다.

현재 우리나라의 근로시간은 OECD 회원국 중 제일 높기로 소문나 있다. 서구 유럽제국이 30~33시간대인 것에 비하면 거의 배 가까이 근로시간이 긴 셈이다. 이에 따라 수년 전부터 이 문제를 해결하기 위해 정부와 경제계, 노동계는 합의점을 찾기 위해 노력해 왔으나 결론을 내지 못하고 있었다.

그 주된 이유 중의 첫째가 대기업과 중소기업의 임금격차가 서구 선진국에 비해 너무 크다는 점이다. 2015년 고용노동부 통계를 보면 중소기업은 대기업의 62%수준(금액상 평균 501만 6,705원 대 311만 283원)에 머물고 있다. 아마 50%에도 못 미치는 중소

188 •

기업이 더 많을 것이다. 이처럼 열악한 중소기업 근로자들의 임금은 연장근로로 어느 정도 보충해온 게 사실이다.

두 번째로 중소기업의 고질적인 구인난 특히 3D업종의 구인난은 심각한 수준이다. 현재 중소기업의 부족인력이 26만 명 정도인데 상시 채용공고를 내도 8만여 명의 인원이 충원되지 않아 인력난에 허덕이고 있다. 근로시간을 합의안대로 52시간으로 단축할 경우 현 2교대 근무를 3교대로 인력운용을 해야 하는데 그럴 경우 가뜩이나 부족한 인력난은 더욱 심화될 것이다. 또한 추가 인력확보에 따른 생산비용의 증가는 결국 중소기업의 줄도산을 부추기는 결과를 초래할 것이다.

물론 서구유럽(32시간)에 비해 52시간이라는 단축근로시간도 많기는 마찬가지다. 그러나 서구유럽은 각종 사회보장제도가 잘 갖춰져 있고, 대기업과 중소기업, 정규직과 비정규직, 대졸과 고졸 간의 임금격차가 거의 없다. 똑같은 일을 하면 똑같은 임금을 받기 때문에 근로자의 불만은 없다. 여기에 문제가 되는 것이 생산성인데 장시간 일하는 이유 중의 하나가 우리나라 근로현장의 생산성이 서구 선진국에 비해 60%선에도 못 미친다는 점일 것이다.

그러나 생산성 문제는 근로현장의 인력관리운용과 생산설비시스템의 문제에 기인된 것이라는 점을 간과해서는 안 된다. 체계화된 기술인력 양성교육이나 요즘 한창 뜨고 있는 스마트 공장 생산시스템 등의 생산성을 높일 수 있는 기반구축이 안 되어 있기 때문이다. 열악한 중소기업의 입장에서 이런 효율적인 생산시스템을 갖출 인적 · 물적 여력이 있겠는가.

당초 근로기준법 개정안은 2015년 9월 노동개혁 5법 중 하나로 정부 여당의 5법 패키지 방침으로 논의가 지지부진하다가 4법, 3법, 2법, 파견법 등 쟁점법안들이 논의되다가 이번에 4당이 전격 합의한 것으로 알고 있다. 그간 정부여당이 중소기업의 경영상의 부담 등 급격한 영향이 우려되어 개정근로기준법을 기업규모별로 단계적으로 적용하고, 주 8

시간 '특별연장근로'를 허용토록 하자고 주장해 왔으나, 어수선한 정국 탓인지 이 안은 백지화되고 말았다.

아직 이번 합의안이 국회에서 통과되지는 않았지만 당장 내년부터 이 법대로 근로시간 단축안이 시행된다면 중소뿌리산업은 고사위기에 직면할 것은 불을 보듯 뻔하다. 그래서 경총이나 중기협에서 극구 반대 목소리를 내고 있는 것이다.

중국과 일본의 틈새에서 샌드위치 신세가 된 한국의 경제가 중국의 사드보복으로 치명타를 입고 있는 가운데, 미국 트럼프 행정부의 자국 제일주의 정책으로 우리 경제는 사면초가의 위기에 빠져 있다.

인간이면 누구나 적게 일하고도 생활에 충분한 급여를 받아 안정되고 여유로운 생활을 즐기고 싶어 한다. 그러나 기본적인 근로여건이 성숙되지 않은 상태에서 정치적 이해관계로 근로시간 단축을 합의한 것은 중소기업은 문을 닫으라는 소리나 다름없다. 자칫 우리 경제현실을 무시한 대중영합적 정책시행으로 교각살우의 우를 범할까 우려된다.

사람 사는 이야기

05

기초지자체가 사라진다

앞으로 30년 뒤 전국 기초지자체 중 1/3이 사라질 것이라는 충격적인 연구보고가 지상에 보도되었다. 한국고용정보원의 '한국의 지방소멸연구' 결과에 의하면 2016년 7월의 소멸위험지수는 1.0이었다고 한다. 소멸지수의 단계는 1.5이상이면 소멸 저위험단계, 1.0이상~1.5미만이면 정상단계, 0.5이상~1.0미만이면 소멸주의단계, 0.5미만이면 소멸위험지역으로 분류한다. 그리고 0.2미만인 곳은 소멸고위험지역으로 본다.

이에 따라 전국 시도 228개 기초자치단체를 기준으로 분류해보면 서울시는 소멸주의 9개 구이고, 인천시는 소멸위험 진입 2개 군, 소멸주의 3개 구, 경기도는 소멸위험 진입 3개 군, 소멸주의 단계 6개 시군이다. 강원도는 9개 군이 소멸위험 진입, 9개 시군이 소멸주의로 도전체가 소멸위험 단계이다. 충북은 소멸진입 5개 군, 소멸주의 5개 시군으로 청주시만 정상단계이다. 충남은 소멸위험진입 10개 시군, 소멸주의 2개 시군이다. 경북은 소멸

| 보통 사람들의 행복 |

• 191

고위험 4개 군, 소멸위험 진입 13개 시군, 소멸주의가 4개 시이며, 경남은 소멸고위험 2개 군, 소멸위험 진입 9개 군, 소멸주의가 3개 시이다. 부산시는 소멸위험진입 2개 구, 소멸주의 13개 구이며, 대전은 소멸주의 2개 구, 광주는 소멸주의 2개 구이다. 대구는 소멸주의 5개 구, 울산은 소멸주의 1개 구이다. 전북은 소멸위험 진입 10개 시군, 소멸주의 3개 시군이며, 전남은 소멸 고위험 1개 군, 소멸위험 진입 15개 군, 소멸주의가 5개 시이다. 제주도는 소멸주의 단계에 머물고 있다. 강원, 경북, 전남도가 소멸위험도 지수가 높게 나오고 있다.

위에서 소멸지수별 전국 기초지자체를 분류한 것을 보면 228개 지자체 중 소멸위험 지역(지수 0.5미만)이 85개나 된다. 이를 보면 이제는 농어촌지역뿐만 아니라 지방 대도시 지역의 시군구도 소멸지역이 확대되어 가고 있음을 알 수 있다.

우리나라의 합계출산율이 1.17명으로 OECD(1.83) 34개국 중 최하위로 나타난 수치로도 그 원인을 찾을 수 있을 것 같다. 이는 고령 인구와 20~39세의 가임여성 인구가 같아졌다는 것을 의미한다. 이처럼 기초지자체의 소멸위험도가 높아지고 있는 것은 금년 말에 고령사회(노인 인구가 전체 인구의14%)로 접어들고, 2026년이면 노인 인구가 20%에 이르러 초고령사회로 접어들 것이라는 통계청의 인구추계와 맞물려 중앙정부와 지자체의 특단의 대책강구가 절실한 시점이다.

10여 년 전 필자가 일본 연수 때 동경의 어느 구청에 들렀더니 그 구청의 구정 목표가 '인구 5만 달성'인 것을 보고 깜짝 놀랐다. 구청 직원의 설명에 의하면 탈도심화 바람을 타고 도쿄의 주변부로 인구가 유출되어 구정 운영에 적신호가 켜졌다고 하였다. 우리보다 먼저 초고령사회(25.4%)로 접어든 일본의 고민을 엿볼 수 있었다.

미국의 경우 북동부 5대호 주변의 쇠락한 공장지대를 러스트 벨트Rust belt라고 부른다. 동부 뉴욕주와 펜실베니아주를 포함해 오하이오, 인디애나, 미시간, 일리노이, 아이오아, 위스콘신주 등이 해당된다. 1950년 기준으로 9개 주의 고용 인원은 미국 전체의 43%

를 차지했다. 그러나 1970년대 이후 고비용을 피해 제조업체들이 해외와 남부, 서부지역으로 공장을 이전하면서 러스트 벨트는 가속화되었다. 특히 자동차 관련 제조업체가 밀집했던 디트로이트시의 쇠락으로 시정부가 파산선고까지 하면서 디트로이트는 유령 도시가 되었다.

그러나 이제 자동차산업과 바이오테크, 나노테크, 3D, 플리머 등 신산업의 유치로 다시 활기를 찾고 있다. 이런 사례는 우리나라에도 있다. 거제, 통영, 고성, 진해, 군산, 울산은 조선 산업의 침체로 인해 지역경제 위축과 인구감소가 진행되고 있다. 또한 10여 년 전 마산 수출자유지역의 외국투자기업과 한일합섬, 한국철강의 철수로 전국 8대 도시로 승승장구하던 마산시의 쇠퇴를 가져와 결국 인근 창원시와 통합되는 비운을 겪었다.

이처럼 기초지자체의 인구감소로 인한 소멸위험도는 갈수록 심화될 것이다. 차제에 기 입안된 전국 광역 및 기초지자체의 통폐합과 행정구역 개편을 위한 로드맵에 따라 전국을 70~80개 준 광역권으로 통합 조정하는 방안이 시급히 논의되어야 할 것이다. 인구절벽과 맞물려 어영부영하다가는 언제 우리도 미국의 '러스트 벨트 비운'과 스웨덴의 '말뫼의 눈물사태'를 맞을지 모른다. 더욱이 현재 창원기계공단의 장기침체는 경남 남동권 중심 경제권의 쇠퇴와 함께 해당지역의 쇠락을 초래하여 기초지자체의 소멸위험지수가 높아지지 않을까 우려된다.

| 보통 사람들의 행복 |

05

—
사람 사는 이야기
—

고교평준화와 대입전형

고교평준화 정책은 심각한 고입문제를 해소하기 위해 1974년 서울과 부산을 시작으로 2004년까지 거의 전 고교에서 채택되어 시행되고 있다. 1969년 중학교 무시험진학제도 시행 후 중학생 수 급증에 따른 고입경쟁 심화로 많은 문제점이 발생했다. 입시위주의 비정상적 학교운영, 고입 중압감에 의한 신체발달 장애, 1~3류로 서열화된 고교, 과외과열 등의 병리현상이 사회문제로 대두되자 교육여건을 평준화하기 위해 도입된 교육책이었다. 그러나 평준화 정책으로 심각한 고입문제를 해소하는 등 당초 의도된 목표는 어느 정도 충족했지만 여러 가지 부작용도 속출했다.

학생의 강제배정으로 교육선택기회의 박탈, 학습집단의 이질화로 학습지도의 곤란, 교육질의 하향평준화, 학습능력의 개인차로 인한 생활지도 곤란, 학군 간 교육여건차이 상존, 평준화지역 소도시 농촌지역 학생의 진학기회 제약, 성적하락 등의 문제점이 발생했다.

무엇보다도 제일 큰 문제는 이러한 문제점의 보완책으로 설립된 외고, 자사고와 일반고의 교육격차가 발생함으로써 예전의 1~3류교가 다시 부활했다는 점이다. 외고의 경우 특수 목적고라는 설립 목적과는 달리 상위권 대학입시 위주의 교육으로 변질되었다. 자사고의 경우도 교육여건의 우월성이 확보됨에 따라 외고와 다를 바 없는 고교로 자리 잡게 되었다.

이에 따라 황폐화된 일반고의 정상화를 위한 대안으로 외고와 자사고의 전면폐지를 교육부에서 추진하고 있다. 그러나 외고, 자사고의 존치를 주장하는 학부모들의 반발과 집단행동이 표면화되는 가운데 고교 교육제도 개혁의 기치를 내건 교육감 출신이 교육인적자원부 장관이 되었다. 이는 전교조의 인정을 공약한 새 정부의 교육정책 로드맵과 일치하고 있어 진보성향 교육계의 부활을 예고하고 있다.

현 고교 교육제도의 문제는 평준화 정책에 깔려 있는 이념적 갈등과 이해집단의 이익갈등이 대립하는 것으로 진보진영의 평등주의 이념과 수월성을 강조하는 보수진영과의 갈등양상으로 나타나고 있다는 점이다. 새 장관과 진보진영 출신(전교조) 교육감이 외고와 자사고의 폐지를 공식화한 가운데 존치를 주장하는 학부모단체와의 대립과 갈등은 더욱 첨예화할 것으로 예상된다.

필자가 중고교에 다닐 때는 모두 시험을 쳐서 능력대로 학교를 선택했다. 철저한 학습기회가 보장된 입시제도였다. 어쩌면 가장 자본주의적이고 합리적인 중고교 교육정책이 아니었나 생각한다. 자본주의사회는 자신의 능력대로 사는 사회이다. 사회주의 체제가 붕괴한 것은 개인의 수월성을 무시한 전체주의 이념의 맹목적 추종 때문이었다.

우리 교육계가 몸살을 앓고 있는 공교육 정상화와 대학입시제도는 제도적 우월성 문제를 떠나서 세계에서 제일 높은 우리 국민들의 지나친 교육열에 기인한다고 볼 수 있다. 삼시세끼 끼니를 걱정할 형편임에도 내 자식만은 대학까지 공부시키겠다는 것이 우리 부모들의 생각이다.

| 보통 사람들의 행복 |

196

이는 우리 사회가 학력을 중시하는 시스템으로 형성되어 있기 때문이다. 비록 흙수저가 금수저 되는 시기는 지났다고는 하지만 대학을 나와야만 사람대접을 받을 수 있다는 학력 콤플렉스가 우리 국민의 정서적 트라우마로 작용하고 있다.

직업선택, 결혼조건, 사회상층부로의 진입, 자신에 대한 타인의 인정 등에서 학력은 필수요건이자 출세의 필요충분조건이다. 이러한 사회시스템과 정치적 이념, 국민정서 등이 고교와 대학 입시제도의 선택을 혼란스럽게 만들고 있다.

지금 새 정부에서 추구하는 일반고화 정책은 당면한 공교육 정상화를 위한 손쉬운 대안이 될 수 있을지도 모른다. 그러나 교육제도의 개혁은 신중히 접근해야 한다. '교육 백년대계'라는 말이 있듯이 조령모개식 교육정책 변경은 사교육시장의 평창과 고등교육의 질적 저하를 초래할 수 있기 때문이다.

학령아동감소를 감안하지 않은 고교평준화와 대학설립인가의 남발은 학력저하와 공교육 황폐화라는 문제점을 낳았다. 이처럼 비정상적인 공교육의 위상을 바로 세우기 위해서는 고교평준화정책의 보완대책이 강구되어야 한다.

굳이 자사고, 외고를 폐지한다면 적어도 3년 정도의 유예기간을 두어 혼란을 방지해야 한다. 보완대책으로 고교입학권역을 수도권(서울 포함), 충청강원권, 전라제주권, 경상권으로 광역화하여 희망학군 응시추첨제로 하면 학습기회의 보장과 지역 간 교육격차 해소에도 기여할 것이다.

동시에 고입과 연계선상에 있는 대학입시제도의 근본적인 개혁이 뒤따라야 한다. 대입은 현 수능을 대입자격 고시로 하고, 시험은 전국대학연합회에서 공동출제하든지, 각 대학별로 출제하여 학생선발권을 대학에 돌려주어야 한다. 그러나 무엇보다도 교육정책을 평등주의 이념의 잣대로 재단해서는 안 된다. 학생 개개인의 수월성과 국민정서를 고려되지 않은 교육정책은 탁상공론에 불과하니까.

| 보통 사람들의 행복 |

—
사람 사는 이야기
—

넛지 효과에 주목하라

　넛지nudge는 '옆구리를 슬쩍 찌른다.'는 뜻으로 강요에 의하지 않고 유연하게 개입함으로써 타인의 선택을 유도하는 방법을 말한다. 이 말은 2017년도 노벨경제학상을 수상한 미국의 행동경제학자이며 시카고 부스경영대학원 교수인 리처드 탈러(독일계 미국인으로 세일러라고도 한다)와 법률가이며 하버드 로스쿨 팰릭스 플랭크 퍼터 교수인 선스타인의 공동저서인《넛지: 똑똑한 선택을 이끄는 힘》(2008)에서 한 말이다.

　앞서 넛지의 정의에서 말했듯이 '타인의 선택을 유도하는 부드러운 개입'은 '자유주의적 개입주의'라는 이데올로기의 대표상품으로 만들었다. 넛지는 좌도 우도 아닌 중도적 선택지를 의미한다. 어떤 선택을 주도하는 선택설계자는 결정을 내리는 배경이 되는 정황이나 맥락을 만드는 사람을 말한다. 넛지 효과는 요즘 생긴 현상이 아니다. 이런 사례는 일상적으로 계속 발생했는데 두 교수가 체계화시킨 경영이론이다

내가 평소 백화점이나 마트에 들를 때마다 느끼는 것은 각종 상품 코너가 너무 획일적으로 구획된 공간에 진열되어 단절적이라는 점이다. 1층부터 몇 층까지 층마다 다른 상품이 진열되어 있다. 쇼핑을 위해 한 바퀴 돌고 나면 피곤하다. 남자들은 더 심하게 느낀다고 한다. 물론 고객들의 이용편의를 위해서지만 이제 백화점과 마트는 소비생활의 중요한 공간이 되었다. 단순히 상품만 사고파는 공간이 아니라는 점에서 넛지 개념의 도입이 절실하다.

각 층마다 잘 보이는 공간에 작은 쉼터 겸 커피 한잔 마실 수 있는 공간이 있으면 좋겠다. 꼭 쇼핑목적이 아니라도 만남의 장소로 이런 공간을 찾을 때 들고 나면서 진열된 상품을 보게 될 것이다. 견물생심이라고 이런 심리를 이용해 소비자의 옆구리를 살짝 찔러 구매 욕구를 일으키게 하는 넛지 효과를 볼 수 있는 것이다. 일종의 충동구매라고도 할 수 있겠지만 마케팅 셰어 확보라는 측면에서 보면 대단한 시너지 효과를 거둘 수 있는 전략이 될 것이다.

지금 우리는 다원화된 사회에서 온갖 요소와 상황들이 복잡다단하게 얽힌 세상을 살아가고 있다. 예전의 고정관념을 깨뜨리는 발상의 전환을 하지 않으면 살아남기 힘들게 되었다. 상품을 진열해놓고 손님을 기다리기만 하면 물건이 팔리는 시대는 옛말이 된 지 오래다. 소프트한 인간의 감성에 호소하는 넛지 전략과 전술이 먹혀드는 시대가 되었다.

행정도 마찬가지다. 서울시에서는 시민청 입구에 '가야금 건강 계단'을 설치해 놓았다. 비만을 예방하고 생활 속 걷기를 유도하기 위해 계단을 오를 때마다 은은한 가야금 연주 소리가 들린다. 또 계단을 이용하면 기업의 후원을 받아 한 사람당 10원의 기부가 이뤄지도록 했다. 건강계단이 생기자 에스컬레이터나 엘리베이터 이용객이 줄어들었다고 한다. 건강도 챙기고, 불우이웃도 돕고, 전기료도 절감

| 보통 사람들의 행복 |

하는 일석 3조의 효과를 거두고 있는 셈이다. 시민들에게 '건강을 위해 계단을 이용해주세요' 하고 표어를 써 붙이거나 권고한다고 사용을 자제하는 사람은 드물 것이다. 이처럼 사람의 감성을 옆구리 찌르듯 슬쩍 건드려 줌으로써 자유주의적 개입을 선택하게 한 것이다.

버락 오바마 전 미국 대통령은 연금저축률을 높이기 위해 넛지 효과를 사용했다. 젊은 층의 퇴직연금 가입자 수를 늘리기 위해 연금 가입의사를 밝힌 뒤 가입하는 방식에서 자동가입 뒤 탈퇴의사를 밝히는 방식으로 바꾸자 가입률이 크게 늘었다고 한다. 청년들의 연금가입에 대한 생각을 옆구리 찌르듯이 슬쩍 건드려 준 것이 효과를 거둔 것이다.

영국에서는 세금 독촉장에 '영국인의 90%가 세금을 냈다.'는 문구를 추가했더니 체납세 징수율이 57%에서 86%로 올랐다고 한다. 이는 체납세를 납부하지 않으면 재산을 압류한다는 식의 강압적 문구보다 영국 국민으로서 납세의무를 다하는 것이 자존감을 살린다는 점을 옆구리 찌르듯 슬쩍 건드려 줌으로써 넛지 효과를 본 것이다.

이와 같이 사회 제 분야에서 넛지 효과를 사용하는 전략은 비용을 적게 들이고도 신선한 아이디어 하나로 큰 효과를 볼 수 있는 것이다. 여기에는 앞서 언급했듯이 발상의 전환과 경직된 사고의 혁신이 뒤따르지 않으면 불가능한 일이다. 치밀한 마케팅 전략과 소비자 승부욕 자극, 정부기관과 사회단체의 각종 정책 수립에 넛지 효과를 활용할 분야는 무궁무진하다. 교통안전, 교통질서, 쓰레기 문제, 자원절약과 환경보호, 국민건강관리, 매너, 행정, 범죄, 소통, 자기계발, 논문작성 등등 이루 헤아릴 수 없이 많다.

넛지 이론의 창시자인 탈러와 선스타인은 겉으로 보기에는 사소하고 작은 요소라고 해도 사람들의 행동 방식에 큰 영향을 미친다고 했다. 아직도 우리 정부기관과 지자체들이 내건 정책 슬로건이나 홍보 플래카드는 노골적인 계몽과 훈계조의 메시지로 가득하다. 이제 넛지 효과에 주목할 때가 되었다. 국가정책입안자나 각급 기관단체에서는 차제에 넛지 효과의 선진사례에 대한 벤치마킹은 물론 관련 도서의 일독을 적극 권하는 바이다.

사람 사는 이야기

대졸 취업난과 고용 미스매치

우리나라의 한 해 대학(전문대 포함) 졸업생 수가 50만 명에 이른다. 고졸 70%가 대학에 진학해 대졸 출신도 고급 인력이 아니라는 사회적 인식이 보편화하는 추세다. 그러나 유럽 선진국인 독일은 39%, 다른 나라들은 고졸 50% 정도가 대학에 진학하는 것을 보면 한국의 대졸 비율이 너무 높아 대학입시제도나 사회인식 변화가 절실한 시점이다.

특히 아직도 여전한 기업의 학력차별이 큰 문제다. 고졸, 전문대졸, 4년제 대졸자의 초봉 책정액과 승진연한 차등화로 대학진학을 부추기고 있으며, 대졸자 스스로도 자신들이 고급인력이라는 인식에서 벗어나지 못하고 있다. 이는 직업선택 시 미스매치 현상으로 나타나는데 블루칼라보다 화이트칼라를, 일반기업보다 공기관과 공기업을, 중소기업보다 대기업을 선호하는 현상으로 나타나고 있다. 이에 따라 취업현장에서의 채용 미스매치현상이 심각한 수준이다.

| 보통 사람들의 행복 |

대졸자들이 원하는 수준의 양질의 정규직은 대기업과 공공기관, 공기업을 제외하고는 그리 많지가 않다. 올해 처음 모집하는 9급 국가직 공채시험에 20만 명이 넘는 사람이 응시하여 46:1에 육박하는 치열한 경쟁률 보이고 있는 것을 보아도 잘 알 수 있다. 불확실성이 커진 뷰카시대VUCA를 맞아 안정성과 장래성이 보장되는 직장을 선호하는 일반적인 현상이라 할 수 있다.

그러나 나 역시 중소기업을 경영하는 기업인의 입장에서 보면 이런 고용시장의 미스매치현상은 기업 스스로가 해결하기에는 한계가 있다고 본다. 3D업종에 속하는 중소기업에서는 일손을 구하지 못해 안달이다. 거의 대부분 외국인 근로자들에 의해서 공장을 가동하고 있다고 해도 과언이 아니다. 농수축산 분야도 마찬가지다. 대기업과 공기업, 공공기관 선호현상의 근본적인 해결방안이 강구되지 않는 한 청년실업문제 해소는 불가능에 가깝다.

물론 현재 중앙정부나 지자체별로 나름대로 청년취업난 해소를 위해 중소기업 취업지원 대책을 내놓고는 있지만 언 발에 오줌 누기식이다. 중소기업에 취업한 근로자가 2년간 300만 원을 저축하면 1,200만 원의 목돈을 지급하고, 3년간 소득세의 일부를 감면해주는 등의 인센티브를 부여하고 있지만 이것으로는 역부족이다. 근본적으로 대기업과 중소기업 간의 임금격차 해소와 양질의 정규직 중심의 일자리 창출대책 없이는 그 실효성에 한계가 있다.

지난해 교육부와 한국교육개발원이 전문대 이상 졸업생 55만 명을 대상으로 조사한 취업률을 보면 28만7천여 명으로 59.3%에 이른다. 이웃나라 일본의 100%를 넘는 취업률과는 한참 거리가 멀다. 독일 등 중북부 유럽은 대학진학률은 낮아도 취업률이 높은 것은 채용의 미스매치 비율이 낮기 때문이라고 한다. 학력이 아니라 능력을 보고 인력을 채용하는 기업풍토 때문이다.

구직자와 구인자 간의 채용 미스매치는 생산인력의 낭비현상을 낳아 국가적으로도 엄청난 손실이다. 생산인력(기업 부문)과 생산 없는 관리인력(공공부문)의 생산유발 효과는 천지 차이다. 공공일자리 확대로 실업문제를 해결한다는 것은 지극히 미시적 관점의 임시방편에 불과하다. 지금도 공공부문의 인력은 과잉상태라고 노동전문연구기관에서 진단하고 있다. 산업인력의 증가는 생산유발효과의 증대로 일자리가 늘어난다. 제품생산과 판매, 물류유통과 광고, 서비스 직종의 증가와 함께 연관분야에서 연쇄적으로 일자리가 창출된다.

따라서 공공부분의 인력증대에 의한 청년 실업문제해소는 근본적인 처방책이 되지 못한다. 정부부문에서 과감한 신산업 투자확대 유도와 대학직업 교육제도의 혁신, 인구감소에 따른 고용체계 전면개편 등 고용시장에 대한 근본적인 제도개선이 시급한 시점이다.

이제 미취업으로 축하받아야 할 대학졸업식이 서글픈 나 홀로 졸업식이 되지 않도록 근본적인 청년취업대책이 강구되어야 할 것이다.

05

—
사람 사는 이야기
—

디지로그 시대의 삶

디지로그digilog는 디지털digital과 아날로그analog의 합성어로 이어령 박사의 《디지로그 시대가 온다》 저서 발간 후 널리 사용하게 되었다.

이 박사는 이 책에서 지구상에서 '먹는다'는 말을 우리 민족처럼 다양하게 쓰는 나라는 없을 것이라고 했다. 음식을 먹는다는 기본이고, 시간을 잡아먹는다, 마음을 굳게 먹는다. 돈을 떼먹는다, 욕을 먹는다, 축구에서 한 꼴을 먹었다, 꿈을 먹고 산다 등등 다양하게 쓰이고 있기 때문이다. 우리가 너무 가난하게 살아서 그런지 모르지만 먹는다는 말이 생활 속에서 습관이 되었기 때문일 것이다. 그러나 설날의 떡국 맛같이 씹는 맛의 미각은 감각이 아닌 디지털적 기술로는 안 되는 것으로 감성은 1과 0의 조합으로 디지털화가 불가능하다는 것이다.

얼마 전 중국의 거부인 알리바바 마윈 회장은 중국기업가 클럽이 주최한 국제컨퍼런스에서 우리 인류는 앞으로 30년간 인터넷 때문에 고통받는 삶을 살지 모른다고 하였다. 거지도 QR코드로 적선을 받는 세상의 미래는 인터넷 잘 쓰는 회사의 것이고, AI-로봇의 도입으로 일자리가 부족해지기 때문에 기계는 사람이 못하는 위험한 일만 해야 인간과 공존하는 파트너가 될 수 있다고 하였다. 이는 혁신기술의 미래에 대한 기대와 우려를 단적으로 적시하는 말이다.

4차 산업혁명시대를 맞아 편리성과 혁신, 발전이라는 긍정적 이미지와 함께 통제, 적응불능, 혼란, 감시, 불평등이라는 부정적 이미지를 같이 떠올리게 한다. 엘빈 토플러는 그의 저서 《제3의 물결》에서 정보화 시대를 예견하면서 또 다른 저서 《적응성의 위기》에서 디지털 시대의 명과 암을 동시에 적시하였다. 우리 인간은 기계문명의 발달과 함께 유토피아를 꿈꾸어 왔지만 엘빈 토플러나 마윈이 예견한 것처럼 인류의 미래는 기회와 재앙이 동시에 공존하는 디스토피아가 될지도 모른다.

최근 랜섬웨어RANSOM WARE로 세계가 발칵 뒤집혔다. 랜섬웨어는 몸값을 요구하는 랜섬RANSOM과 제품을 뜻하는 웨어WARE의 합성어이다. 사용자의 동의 없이 컴퓨터에 불법으로 침입하여 사용자의 파일을 인질 삼아 금전을 요구하는 악성 프로그램이다. 이번 랜섬웨어 사태로 영국 등 유럽 수십 개국에서 피해를 입었고 우리나라 여러 곳에서도 이 악성코드가 발견되었다. 소위 디지털 시대의 어두운 면이 극명하게 드러난 사건이다.

앞으로 랜섬웨어의 파생 악성코드가 갈수록 기승을 부릴 것으로 예상되어 예방대책이 시급하다. 어쩌면 인류의 삶이 컴퓨터라는 정보기기의 발명으로 스스로 자멸의 길을 걷게 될지 모른다는 두려운 생각마저 든다. 이 악성 코드는 범인의 색출이나 검거도 쉽지 않아 가만히 앉아서 속수무책으로 당하기 때문에 문제의 심각성이 크다는 것이다.

인간의 머리는 항상 좋은 쪽으로만 움직이지 않는다. 컴퓨터 덕분에 생활의 편리성, 신속성, 정보이용의 평등성, 민주적 의사소통의 활성화로 인간의 삶이 크게 향상되었지만 동시에 미래에 대한 불안과 불확실성도 더욱 커지고 있다.

한편 디지털 문명에 대한 기우의 반작용으로 수년 전부터 아날로그적인 삶으로 되돌아가자는 복고열풍이 거세게 불고 있다. 디지털적인 생활양식에서 벗어나 아날로그적 감성을 즐기려는 노력이 곳곳에서 감지되고 있다. CD나 칩으로 대체되었던 음원이 LP와 카세트테이프의 재등장으로 많은 마니아층을 형성한 결과 생산이 중단되었던 제품생산시설이 재가동되고 있다. 최근 카세트테이프로 신곡을 발표하는 가수들이 생겨나고 고물로 밀려났던 워크맨과 덱의 중고가 시세가 2~3배나 폭등했다고 한다.

또한 랜섬웨어로 놀란 사람들이 컴퓨터에 보관한 자료의 유실을 우려한 나머지 컴퓨터나 스마트 폰에 저장하여 온라인으로 공유했던 사진을 인화하여 보관하려는 주문이 쇄도하고 있다고 한다. 이제 각종 유용한 자료축적도 옛날 방식처럼 책이나 신문스크랩, 컴퓨터 자료 출력으로 보관하는 사람들이 늘어나고 있다. 카메라도 마찬가지다. 사라질 것 같았던 흑백필름이 되살아나자 생산 공장이 생기고, 중고 필름카메라의 거래가 부쩍 늘어나고 있다니 세상 오래 살고 볼 일이다.

이는 모두 느림의 미학을 즐기려는 감성파 신 아날로그족의 출현과 맞물려 있다. 그들은 IT사용을 거부하고 탈 디지털, 탈 온라인을 선언한 사람들이다. 사이버 공격이 일상화되면서 개인정보유출에 따른 사생활 노출과 추억 어린 사진이나 중요한 자료의 유실위험에서 벗어나려는 행동들이다. 그들은 아예 디지털과는 담을 쌓고 아날로그적으로 생활습관을 바꾸려는 것이다.

우리가 꿈꾸어 온 유토피아가 컴퓨터의 발명으로 활짝 열릴 것으로 기대했지만 인간적인 감성이 매몰되어 가는 세상을 보면서 사람 냄새 나는 세상을 살고 싶은 본성이 발동되었는지 모른다. 디지로그적인 삶은 디지털적 생활방식과 아날로그적 감성이 적절히 조화를 이루어 인간적인 삶을 누릴 때 비로소 실현될 수 있을 것이다.

사람 사는 이야기

마산의 눈물

1990년대 세계 조선업계를 주름잡던 스웨덴 말뫼시의 코쿰스키사가 2002년 적자를 감당하지 못하고 문을 닫았다. 당시 이 회사의 세계 최대 골리앗 크레인을 울산 현대중공업이 단돈 1달러를 주고 낙찰받았다. 물론 골리앗 해체 및 운송비용 220억 달러를 낙찰자가 부담하는 조건이었다. 이때 말뫼 시민들은 세계 최대 크레인이 해체되어 한국으로 떠나는 모습을 보고 눈물을 흘렸다고 하여 '말뫼의 눈물'로 인구에 회자되고 있다.

이 사건은 세계 조선업의 재편을 예고하는 신호탄이었다. 이후 한국의 조선업은 일취월장 승승장구하여 일본을 제치고 세계 최고의 조선강국으로 급부상하였다. 그러나 불과 15년이 지난 지금 아이러니하게도 한국의 조선업은 '말뫼의 눈물'이 '마산의 눈물'로 재연되었다.

지난 1월 마산에 있는 성동조선소의 크레인이 루마니아의 한 조선소에 매각 해체되어 마산항을 떠났다. 승승장구하던 한국의

| 보통 사람들의 행복 |

• 207

조선업은 이제 중국에게 1위 자리를 물려주고 일본에게까지 추월당해 3위로 밀려났다. '한국 조선업의 영광은 다시 오지 않을 것'이라는 비관적인 전망까지 나오고 있어 걱정스럽다. 한국 최대 조선 산업단지인 경남 거제 옥포의 삼성중공업과 대우조선해양은 물론 울산 현대중공업도 흔들리고 있다. 창원시 진해 STX조선의 몰락으로 시작된 조선업의 붕괴는 고성 조선산업특구, 사천과 통영의 중소 조선소, 전남 대불산단까지 불황의 깊은 늪 속으로 빠져들게 하고 있다. 최근 현대중공업 군산 조선소마저 문을 닫아야 할 지경에 이르게 되었으니 그 심각성은 이루 말할 수 없다.

현재 경남 지역의 중소 조선소 70%가 문을 닫았으며, 조선 기자재 생산 연관 중소기업과 하청업체 수천 개가 도산, 또는 부도 직전의 위기에 직면해 있다고 한다. 이미 2만 여명의 조선업 종사자들이 실직자가 되었다. 조선 산업의 메카였던 거제지역의 경기는 직격탄을 맞았으며, STX 조선소의 주력 기업이 있는 창원지역 또한 치명적인 타격을 입어 지역 경제에 먹구름을 드리우고 있다. 이처럼 15년 전 '말뫼의 눈물'이 우리 지역 '마산의 눈물'이 되어 경남의 주력 산업인 조선, 해양 플랜트 산업은 위기에 처해 있다. 1990년대 유가 100달러 시대를 맞아 우후죽순처럼 생겨난 조선 관련 산업들이 유가급락과 미국 발 금융위기로 유조선과 해양플랜트 수주가 급감함에 따라 발생한 결과다.

지금 한국경제는 불안한 국내 정치상황과 급변하는 대외 변수로 인해 한치 앞을 내다볼 수 없는 시계제로의 상황에 처해 있다. 영국의 브렉시트로 시작된 유럽의 극우정치세력의 집권에 따른 보호무역주의 득세와, 아메리카 퍼스트America First를 외치며 미국 대통령에 당선된 트럼프는 TPP 탈퇴와 NAFTA 재협상을 명령하고, 중국과 일본을 환율조작국으로 지정했다. 아마 곧 한미FTA도 재협상을 요구할 것이다. 이처럼 국내외적으로 어려운 경제상황에 처한 우리로서는 미국과 중국에 편중된 대외교역을 동남아, 중남미 등으로 다변화시키고, 각종 대외 경제정책의 궤도수정과 함께 한계산업의 구조조정과 산업재편, 내수경기 진작을 위한 재정투융자를 확대해야 할 것이다. 그러나 무엇보다도 기업 스스로 뼈를 깎는 자기혁신과 경쟁력 강화를 위한 피나는 자구노력을 하지 않으면 살아남기 힘들 것이다. 2002년 스웨덴 말뫼의 시민들은 눈물을 흘렸지만 그들은 신산업의 유치로 새롭게 거듭났다. '마산의 눈물'이 '말뫼의 눈물'의 재연으로 그치지 않고 우리도 그들처럼 신성장산업의 유치로 새롭게 태어나는 계기로 삼아야 할 것이다.

05

—
사람 사는 이야기
—

빅 데이터를 주목하라

세계 17대 부호이자 중국 부자 서열 3위로 급부상한 전자상거래 업체 '알리바바'의 마윈 회장은 "향후 글로벌 경제 시장에서는 IT(정보기술)이 저물고 DT(데이터 기술) 혁명에 기반한 거대시장이 열릴 것이다."라고 힘주어 말했다. 빅 데이터big date이론은 영국 옥스퍼드 대학교 빅토르 마이어 쇤버거 교수와 경제지《이코노미스트Economist》의 데이터 편집자인 케네스 쿠키어가 공동 집필한《빅 데이터Big Date : revolution that will transform how we live, work and think》이후 세인의 관심을 끌고 있다.

부제가 길지만 쉽게 말하면 장차 우리가 생활하고 일하고 사고하는 방식의 변화에 대한 혁명이라고 말할 수 있다. 그럼 왜 빅 데이터가 중요한가. 지금까지 우리는 각종 사회지표조사나 연구 용역의 의사결정과정에서 최종적인 결론을 내릴 때 각종 질적, 양적 조사방법을 동원하여 여론의 향배를 조사 분석했다. 그런 과정을 보면 어떤 문제 사안을 두고 왜 그런 결론이 나왔는지 원인분석에 초점을 맞추었다. 그러나 빅 데이터가 지향하는 분석방법은 왜가 아니라 데이터가 주는 결론만을 중요시한다.

쉰 베르그는 지금 사회가 그동안 인과성에 대한 분석에 집착했으나 이제는 상관성에 만족할 만한 결론을 내린다는 것이다. 즉, 이유는 모른 채 결론부터 생각해야 한다는 것이다. 빅 데이터를 활용하기 위해서는 인과관계를 추구하는 오랜 관습을 뒤집는 것이며, 우리의 의사결정방식이나 현실에 대한 이해방식을 기초부터 다시 구상해야 한다는 것이다. 쉰 베르그는 앞으로 "빅데이터를 모르는 기업은 생존이 불가능할 것이다."라고 단언한다. 각 기업이나 기관단체, 정부는 SNS로 통하는 정보의 홍수 속에서 축적된 관련 데이터의 분석에 의해서, 생산, 관리, 판매, 마켓세어 확보, 신제품 개발 등이 이뤄져야 한다는 것이다.

실제 이러한 사례들은 일상에서 많이 실용화되고 있다. 각종 예매시스템이나 고객 애프터서비스 매뉴얼의 개선 등이 빅 데이터의 분석에 의해 보다 고객 지향적으로 다가옴으로써 새로운 정보서비스 산업으로

| 보통 사람들의 행복 |

성장하고 있다.

정부나 기업에서 20여 년 전 ISO 9000시리즈에 의한 전사적 자원관리ERP 등 표준화한 일정관리, 회계관리 시스템이 개발되어 글로벌 표준화하였듯이, 제조업의 공정관리를 위한 빅 데이터 구축과 분석기법을 정부 표준기관에서 교육하고 있다. 이미 국내 대기업은 스마트공정관리 시스템을 구축하고 있는 것으로 알고 있다.

그러면 글로벌 빅 데이터에 접근할 수 있는 도구 즉 수단은 뭘까. 뭐니 뭐니 해도 외국어의 습득은 필수코스다. 인근에 14억이라는 거대 중국시장과 세계 2위의 경제대국 일본이 버티고 있고, EU와 미국 등 영미권과 글로벌 네트워크를 형성하고 있다. 그래서 영어는 기본이고 중국어와 일본어까지 자유자재로 구사하는 능력을 갖춘 경쟁력 있는 인재의 확보는 필수적이다. 요즘 갈라파고스라 불릴 만큼 폐쇄적이고 영어 구사력이 뒤떨어진 일본기업에서조차 'NO ENGLISH, NO JOB'이라 할 만큼 영어의 공용화에 열을 올리고 있다. 혼다를 비롯한 라쿠덴, 브리지스톨 등이 모든 사내문서를 영어로 작성케 하고 사내 공용어로 영어를 채택하고 있다. 잃어버린 20년의 뼈아픈 실패를 반복하지 않겠다는 자구 몸부림이다.

빅 데이터가 왜 중요한가는 더 이상 논의의 대상이 못 된다. SNS가 여론의 향배를 좌지우지하는 열린 세상이 되었기 때문이다. 그 속에 감춰진 빅 데이터 내용에 대한 철저한 분석과 활용으로 기업의 경쟁력을 끌어 올리는 것이 우리의 살길이다.

사람 사는 이야기

05

체
감
경
기

엊그제까지 싱싱함을 뽐내던 가로수의 푸른 잎새들이 알록달록 곱게 물들어 가고 있다. 보도 위에 떨어진 낙엽들이 바람에 쓸려 이리저리 어지럽게 나뒹군다. 가을은 우수의 계절이자 한 해 동안 계획했던 일들을 마무리해야 하는 정리의 계절이기도 하다.

지난 한 해 역시 숨가쁜 일들의 연속이었다. 새 정부가 출범하였고 각종 국정현안과 사건들로 조용할 날이 없었으며, 지금 이 순간에도 정치전선엔 첨예한 대립과 갈등이 지속되고 있다. 물론 이런 제 현상들을 부정적인 시각으로 볼 수 있겠지만, 한편으론 그만큼 우리 사회가 역동적이라는 긍정적인 시각으로 볼 수도 있을 것이다.

나 역시 조그마한 회사를 운영하면서 새해 첫날에 계획했던 일들의 반도 이루지 못해 아쉬움이 많이 남기는 하지만 그런대로 현상유지는 한 것 같아 다행스럽게 생각한다.

그런데 일반서민들이나 우리 같은 중소기업인들이 느끼는 경

| 보통 사람들의 행복 |

기의 체감 온도는 우리나라 경제현황이 보여주는 지표와는 많은 거리감이 있는 것 같다.

한국은행이 발표한 8월 말 경상수지 누적흑자는 422억 달러로 금년 연말까지 630억 달러 흑자가 예상된다고 한다. 이는 한은이 연초 예측한 경상수지흑자(530억 달러)를 훨씬 초과 달성하는 수치로, 드디어 우리나라가 일본의 경상수지누적흑자(601억 달러 예상)를 추월할 것으로 예상하고 있다. 또한 9월 말까지 우리나라 외환보유고는 3,369억 2천만 달러로 브라질에 이어 세계 7위 수준이라고 한다.

1997년 IMF 외환위기 때를 생각하면 격세지감을 느끼지 않을 수 없다. 특히 2008년 미국 발 리먼브라더스 모기지 금융위기로 남유럽을 비롯한 세계 각국이 심각한 경제위기를 겪었음에도 우리나라는 이러한 위기를 잘 극복하였으며, 국가부채도 GDP대비 46%대로 OECD 평균 102%보다 낮아 국제신용평가사들로부터 좋은 신용등급을 평가받았다. 그 덕분인지 국내증시도 바이 코리아buy korea 바람에 힘입어 연초 1200대이던 코스피지수

가 2000대를 넘어섰다.

그런데 이런 경제지표상의 나라경제상황과 중소기업인들이나 일반서민들이 느끼는 체감경기 사이에는 심한 괴리감이 있는 것 같다. 정부에서 입안한 각종 민생법안과 경제활성화정책들이 입법과정에서 정쟁에 발목을 잡혀 뒷전으로 밀려나 있고, 서민들의 지갑은 갈수록 얇아지는 것 같아 답답한 심정이다.

혹시 우리나라도 20여 년 전 일본이 세계 최고의 경제대국으로 부상하여 국부가 넘쳐날 때 일본 국민들은 우리와 비슷한 수준의 삶의 질을 누리고 있었던 것처럼, 우리도 국부와 국민 개개인의 삶의 질이 따로 노는 형국이 되지 않을까 심히 우려된다.

이처럼 국부가 국민 개개인의 삶에 골고루 배분되어 따뜻한 온기로 체감될 수 있도록 각종 거시·미시적 경제정책들을 신속하게 수립 시행해 나가야 할 것이며, 무엇보다도 민생안정화 대책 강구에 만전을 기해야 할 것이다.

특히 선택적 복지사회에서 점차 보편적 복지사회로 이행하는 과정에 있는 우리나라는 세대 간, 계층 간에 심화된 양극화로 상대적 박탈감을 불러오고 있다. 이는 사회불안을 조장하는 갈등요인으로 증폭되어 국가발전을 가로막고 국민화합을 저해하는 요인으로 작용할 소지가 크다.

따라서 정치권은 소모적 정쟁을 하루빨리 종식하고 민생 챙기기에 앞장서야 할 것이며, 정부는 점증하는 국제 경제환경의 악화에 대비하여 중소기업에 대한 지원대책의 실효성 확보와 함께 일반국민들이 따뜻한 겨울을 보낼 수 있도록 체감경기의 활성화에 힘써 줄 것을 기대해 본다.

| 보통 사람들의 행복 |

05

—
사람 사는 이야기
—

아베노믹스와 양적완화

　일본의 아베 정부가 지난해 12월부터 실시한 아베노믹스 정책이 금융·재정적으로 어느 정도 성공을 거둔 것으로 나타났다. 근래 일본을 다녀온 지인들이 전하는 말에 의하면 일본경제가 회복세로 돌아섰다는 것을 실감했다고 한다.

　잘 아시다시피 일본은 '잃어버린 20년'으로 상징되는 경기불황으로 엄청난 고통을 겪어 왔다. 세계 최고를 자랑하던 sony가 한국의 삼성전자에 뒤처지는 수모를 당하는가 하면, 매년 5,000억 달러의 흑자를 기록하던 경상수지가 1/10로 밑바닥을 헤맨 나머지, 금년 연말에는 한국에 추월당할지도 모르는 처지에 이르게 되었다.

　일본 경제의 침몰은 1998년부터 계속된 장기 디플레이션 때문이다. 이것은 엔화가치 강세로 파생된 결과라는 인식을 그 밑바탕에 깔고 있다. 따라서 작년 재집권에 성공한 아베 수상은 대규모 금융정책과 기동성 있는 재정운용, 경제성장전략 구사 등 3대

216 ●

정책을 아베노믹스의 핵심정책으로 추진한 결과 일본경제에 숨통이 트인 것으로 보인다. 이제 1년이 경과된 시점이라 중장기적으로 경기회복의 지속을 낙관할 수는 없지만, 최악의 상황은 벗어난 것으로 생각된다.

특히 2008년 리먼사태 이후 미국 연방준비제도이사회FRB와 유럽중앙은행이 지속해온 양적완화조치에 힘입어 금융완화와 경기부양을 위한 재정확대정책을 과감하게 추진한 것이 효과를 본 것으로 판단된다. 물론 이에 따른 부작용도 있을 것으로 보인다. GDP의 200%가 넘는 정부부채로 인하여 정부세입의 1/3이상을 국채로 보전하고, 재정지출의 1/5을 부채원리금 상환에 충당하는 것을 볼 때, 재정건전화에 적신호로 받아들일 수 있는 것이다.

또한 이런 양적완화가 자칫 원·부재 가격인상에 따른 물가불안으로 번져 진화 불가능한 악성 인플레에 빠질 우려도 배제할 수 없다. 그리고 미국이나 일본의 통화평창정책(양적완화)으로 경기불황을 극복해 나갈 때 우리 경제에 미치는 악영향이 문제다. 지금 당장 발등에 떨어진 불이 바로 엔저와 원화강세현상이다. 엔저의 지속은 국제경쟁력 상실로 상품수출에 막대한 지장을 준다. 더욱이 우리 같은 영세한 중소기업은 가만히 앉아서 당하는 꼴이 된다. 비록 금년 연말에도 경상수지흑자가 600억 달러에 이르겠지만, 그 내막을 들여다보면 그렇게 즐거워할 것도 못 된다.

경상수지 흑자는 수출에 못지않게 수입도 함께 늘어나면서 신장되어야 한다. 내수경기 부진으로 인한 원·부자재 수요의 감퇴에 따른 수입 감소로 수출액이 대폭 증가했기 때문이다. 이는 수치상으로 늘어난 경상수지 흑자가 GDP 성장에 크게 기여하지 못한다는 것을 의미한다.

한편 지금 미국과 일본이 양적완화를 무기로 경기회복을 꾀하는 것을 보면 폴 새뮤얼슨과 밀턴 프리드먼이라는 두 경제학자의 경제이론에 대한 실험장 같은 느낌이 든다. 두 학자 모두 노벨경제학상 수상자로서 20~21세기 세계경제에 절대적인 영향력을 행사한

국제 경제학계의 양대 거목이다.

사실 신자유주의 경제의 신봉자로서 시카고학파의 거장인 밀턴 프리드먼과 케인즈학파의 거두인 폴 새뮤얼슨의 경제이론은 극과 극을 달린다. 케인즈학파는 경기회복을 위해서는 국가가 재정투입의 확대로 시장경제에 적극 개입해 유효수요를 창출해야 한다고 주장한다. 그러나 열렬한 자유주의경제학자인 밀턴 프리드먼은 시장은 자유롭게 시장논리에 맡겨야 하며 경기회복은 중앙은행의 통화량 공급조절로 가능하다고 주장한다. 현재 미국과 일본의 양적완화정책을 보면 밀턴 프리드먼의 통화정책 경연장같이 보인다. 그러나 폴 새뮤얼슨의 제자 폴 크루그먼은 밀턴 프리드먼의 통화주의를 맹렬히 비판한다. 양적완화가 몰고 올 글로벌 환율전쟁과 물가상승 압력으로 세계경제를 더 악화시킬 수 있다고 경고한다. 이처럼 시카고학파와 케인즈학파의 논쟁은 아직도 결론이 나지 않은 상태에서 현재진행형이다.

아무튼 아베노믹스 1년을 맞아 일본경제의 단기회복을 바라보는 시각이 그리 밝지만 않은 것은 우리 경제에 미칠 악영향에 대한 우려와 경계가 깔려 있기 때문일 것이다.

사람 사는 이야기

소유의 시대에서 접속의 시대로

《노동의 종말》을 쓴 제레미 리프킨의 세 번째 저서인《소유의 종말》은 21세기 지식정보화시대의 트렌드를 명쾌하게 제시한 역작이다. 그는 이 저서에서 "더 이상 소유는 필요하지 않다. 물건을 빌려 쓰고 인간의 체험까지 돈을 주고 사는 자본주의의 새로운 단계가 시작되었다."고 주장했다.

밀레니엄 시작 해인 2000년에 출간된 저서이니 시대적 흐름을 간파한 혜안이 돋보인다. 원제《The Age of Access : 접속의 시대》를 우리말로 번역할 때《소유의 종말》로 다르게 타이틀을 달았다.

접속은 소유의 반대개념이다. 사람들은 소유에 따른 금전적 비용과 의무의 부담을 덜기 위해 소유보다 접속을 선호하는 것이다. 집을 사서 소유하는 것보다 전세나 월세로 렌트하거나, 가전제품, 옷, 중장비, 가구, 장난감, 등등 렌트가 불가능한 것이 없을 정도로 다양하게 보편화된 세상이 되었다. 물건뿐만 아니라

| 보통 사람들의 행복 |

• 219

애인까지 렌트(?)하는 세상이니 가히 접속의 천국이 되었다. 심지어 다른 사람의 시간과 체험까지 상품화하여 사고파는 현대인의 삶은 점점 소유가 아닌 공유의 경제시대를 살아가고 있다.

산업화 시대의 전유물이었던 소유는 지식 정보화 시대를 맞아 접속으로 바뀌었다. 홍수처럼 쏟아지는 각종 정보는 매스미디어와 사회관계망을 통하여 전 지구적으로 공유되고 있다. 인기 연예인의 유튜브와 인스타 그램, 페이스 북 계정에는 수천, 수만, 수십만 명의 팔로워가 접속한다. 공유의 세계는 소유경계가 없는 오픈된 공간으로 정보공유가 동시다발적으로 일어난다.

예전엔 특정 부류의 사람들 전유물이었던 사이트가 SNS를 통해 제약 없이 공유되고 있다. 위키피디아 백과사전은 열람자의 지식 참여로 새로운 정보들이 출처를 명시한 채 등재되거나 기존 내용에 첨가해 수정 등재되고 있다.

바야흐로 지식정보는 제공자(소유자)와 접속자(열람자)의 구분을 애매모호하게 하고 있다. 지적재산권이 걸린 정보와 상품화된 무형의 지식재산들이 사용권이라는 이름으로 상품화되었다(유료 이용). 그러나 점차 이런 추세는 무너지고 있다. 누구나 프리하게 접속하도록 개방하여 접속자 수의 규모화에 의한 광고수익의 창출형태로 바뀌고 있다. 접속횟수가 기하급수적으로 증가하면 이용 제한된 지적 재산권보다 오픈된 지식정보가 얻는 광고 수익이 더 크기 때문이다.

지금 정부에서는 공공데이터를 민간에게 전면 개방하기 위해 690개 정부기관에 대한 전수 자료조사에 착수했다. 공공기관이 소유한 공공데이터를 포털사이트에 정리해서 올려 사람들이 쉽게 정보를 찾아볼 수 있도록 한다는 것이다. 지금까지 공개한 단순한 통계(인구, 재정 등)뿐만 아니라 알짜 데이터를 개방하고 그것을 국민들이 활용하기 위해서 데이터 정리방식과 파일형식이 제각각인 공공기관 데이터의 호환성을 높일 것이라고 한다. 기존 공공데이터를 민간데이터와 결합하기 쉬운 형태로 바꾸고, 데이터를 생성할 때는 민간 데이터와 결합과 가공이 손쉬운 파일로 제작키로 하였다. 이처럼 국가 공공데이터에 대한 개방정책은 지식정보의 독점에 의한 공공정책의 폐쇄성을 탈피하고 국민의 알 권리 충족과 개인생활에의 활용을 손쉽게 유도하는 정보접속의 기회확대에 초점을 맞추고 있다.

이러한 추세는 국민 개개인의 삶의 방식을 소유의 개념에서 접속(렌털)의 개념으로 변화시킬 것이다. 이른바 공유경제시대의 도래를 의미한다. 특정 재화나 용역, 지식정보를 공유할 때 지불되는 비용은 소유로 지불되는 비용보다 훨씬 저렴해져 풍요롭고 윤택한 삶을 누릴 여유를 갖게 될 것이다. 지금 골머리를 앓고 있는 정부의 부동산(아파트)투기방지대책도 소유에서 공유의 생활패턴으로 바뀐다면 자연스럽게 해소될 것이다. 소유에서 접속으로의 변화추세는 각 개인의 라이프스타일에 맞게 다양한 종류의 제품과 쉽게 접속하게 하여 소유로 인해 지불되는 과비용(명품 소유 등)의 경감은 물론 시대적 흐름이나 트렌드에 쉽게 적용할 수 있게 만들 것이다. 소유의 시대에서 접속의 시대로의 변화는 거역할 수 없는 시대적 흐름이다. 현명한 소비생활과 균형 잡힌 삶의 유지는 소유가 아닌 접속의 시대를 얼마나 지혜롭게 사느냐에 달려 있는 것이다.

05

—
사람 사는 이야기
—

춘래불사춘

봄이 오는 문턱에서 잠시 불어닥친 춘설로 주춤했던 봄꽃의 향연이 본격적으로 시작되었다. 매화와 산수유의 개화로 시작된 봄꽃의 만개가 진달래, 개나리로 이어지더니 벚꽃의 향연으로 한껏 달아오르고 있다. 곧 인근 진해 군항제의 개막으로 벚꽃잔치를 즐기려는 상춘객들로 인산인해를 이룰 것이다. 겨우내 두껍게 차려입은 무거운 겉옷을 벗어 던지고 산뜻한 봄옷으로 치장한 여인들의 발걸음이 한결 가볍고 정겨워 보인다.

직장과 학교로 바삐 오가며 계절의 변화조차 실감 못한 채 지내다가 모처럼의 나들이를 하였다. 그동안 틈나는 대로 써둔 글과 신문에 간간이 보낸 글들을 모아 작은 문집 하나 내려고 표지 촬영에 나섰다. 어색한 표정을 교정하는 포토그래퍼의 지시에 따라 반나절을 촬영에 임하고 나니 허기가 진다.

어느새 5시가 훌쩍 넘어 촬영지 근처 해안가를 찾았다. 오랜만에 싱싱한 회라도 한 접시 하려고 지인의 단골 횟집에 들렀더니

| 보통 사람들의 행복 |

부부가 어장에 나갔는지 문이 굳게 잠겨 있다. 헛걸음을 하고 인근 횟집을 기웃거렸으나 역시 문이 잠겨 있었다. 이 시간대면 손님들로 북적대던 해안가 횟집들 앞엔 승용차 한 대 보이지 않는다. 할 수 없이 차를 몰아 횟집이 몰려 있는 해안 끝 어시장 근처에 도착했다. 그런데 그곳 역시 사람들의 발길이 뜸했다. 한참 헤매다가 한 곳에 차를 주차하고 식당 안에 들어갔다.

회를 주문하고 주인아줌마에게 왜 이렇게 조용하냐고 여쭤보니 조선 경기 침체로 장사가 안 된다고 울상이다. 예전 같으면 지금쯤 손님들로 주차정리에 진땀을 뺄 시간인데 달랑 주인 차와 우리가 타고 온 차뿐이다. 주인 말로는 기업체의 단체회식이 거의 사라졌다고 한다. 주말에 가족들이 몇 팀 올 뿐 직장인들의 회식이 크게 줄었다고 한다. 저녁 식사를 겸해서 끝내고 시가지를 지나오면서 거리의 상점들을 보니 셔터 문이 잠긴 점포가 눈에 많이 띈다. 주말도 아닌 평일인데도 문 닫힌 가게가 많다는 것은 불경기를 증명하는 것이다.

춘래불사춘春來不似春이라는 말이 있다. 봄이 와도 온 것 같지 않다는 뜻이다. 이 말은 전한 시대 원제의 궁녀 왕소군이 흉노와의 화친정책에 따라 흉노왕에게 시집을 가게 된 자신의 신세를 한탄하며 지은 시에서 유래하였다. "호지무화초胡地無花草 춘래불사춘春來不似春" 오랑캐 땅에 꽃과 풀이 없으니 봄이 와도 봄 같지 않다는 고사성어로 어려운 상황에 처한 때 자주 인구에 회자되는 말이다. 엄동설한이 지나 따뜻한 봄이 와서 만화방초가 우거져 즐겁고 기뻐해야 함에도 자신의 처지나 시대적 상황이 좋지 못함을 한탄하는 자조적인 표현이다.

앞서 횟집의 불경기에서 언급했듯이 이 지역 주력산업인 조선 경기의 침체로 실업자가 늘어나고 자동차 산업마저 미국의 보호무역정책으로 어두운 그림자를 드리우고 있다. 지역 경기 침체로 소규모 자영업자들과 중소기업들은 도산 위기에 처해 있다고 해도 과언이 아니다. 나 역시 작은 기업을 꾸려가고 있지만 힘들기는 마찬가지다. 이웃의 중소기업체들이 어느 날 문득 소리 소문 없이 문을 굳게 닫은 것을 볼 때면 남의 일 같지가 않다.

청년실업문제가 세간의 화두로 떠오르고 있지만 지역 중소기업체나 자영업자들이 처한 위기상황은 크게 주목받고 있지 못한 것 같다. 큰일이나 사건의 단초는 항상 작은 일들이 누적되어 발생한다. 지역경제의 불황이 누적되면 결국 국가경제의 추락으로 귀결되어 국민들의 삶은 피폐해진다. 지금 세계 각국은 미국의 보호무역정책으로 전전긍긍하고 있다. 트럼프 대통령이 서명한 철강 및 알루미늄 등 제품에 대한 관세폭탄으로 심각한 타격이 우려된다. 다행히 우리나라는 대미 통상단의 노력으로 우선 큰 불은 껐지만 남북문제의 진전 상황에 따라 언제 보호무역의 장벽이 가로막을지 장담할 수 없다. 한미 자유무역협정이 마무리된 것도 아니고 트럼프 대통령의 오락가락 통상 정책의 유탄이 언제 날아들지 안심할 단계가 아니다. 대외 무역의존도가 높은 우리로서는 대외 통상문제의 갈등해결은 발등의 불처럼 뜨겁고 시급한 과제이다.

더구나 1,450조를 넘어선 가계부채로 인해 운신의 폭이 좁아진 국내경기 진작카드로 인해 청년일자리 창출과 경기회복이 생각대로 될지 걱정스럽다. 더구나 2개월 앞으로 다가온 6·13 동시 지방 선거로 인해 경기진작 정책수단의 동원은 당분간 어렵게 되어 있다. 정치적 이슈가 먼저이지 민생은 차후 문제가 되기 마련이다. 대립적 관계로 치닫고 있는 국내정치상황과 남북정상회담을 앞두고 주변 강대국들의 움직임 또한 예사롭지가 않다. 다들 좋은 결과를 기대하지만 각국의 이해관계와 강대국들의 힘의 균형추가 어디로 움직이는가에 따라 우리의 국익에 정·부로 작용할 것이다. 이처럼 어려운 시기를 맞아 남북문제가 북한의 핵 동결로 한반도에 화해무드가 조성되어 경기활성화의 모멘텀이 마련되길 간절히 기대해 본다.

| 보통 사람들의 행복 |

06

사색의 여울목

06

사색의 여울목

이상과 현실 사이

　이상과 현실은 개념적으로는 반대의 의미를 내포하고 있다. 그러나 이 두 단어는 아이러니컬하게도 항상 함께 언급되는 용어다. 이상은 문자 그대로 현실과는 거리가 먼 별천지같이 들리는 말이고, 현실은 직접 접하는 일상적이고 보편적인 일상사이다.

　이상은 현실이 추구해야 할 지향점이나 목적지이며, 현실은 이상의 실현을 위한 수단이기도 하다. 또한 현실은 형이하학적 관점에서, 이상은 형이상학적 관점에서 운위되기도 한다.

　우리는 흔히 어떤 사안을 두고 그 참 이상적인 대안이네 하면서 동의는 하지만, 그 대안의 실현성에 대해서는 회의적이다. 이세상에 완벽한 것은 존재할 수 없기 때문이다.

　다만 이 사회가, 개인이 추구하려는 가장 합리적이며 공평무사한 일반의지의 발현이기 때문에 이상에는 모두가 공감하는 공통의견이 형성된다. 그러나 막상 현실적인 문제에 부딪히면 이상은 단지 이상일 뿐 아무 힘도 발휘하지 못한다.

　결혼식장에서 모두가 가장 이상적인 커플이라고 입에 침이 마르도록 칭찬하고 부러워했는데, 웬일인지 채 1년을 못 넘기고 갈라서는 커플을 수없이 본다. 그럼 과연 현실과 이상의 괴리라는 한계는 극복하기 힘든 명제일까. 흔히 실속파에 속하는 사람들을 현실적인 사람이라고 한다. 주로 사업가나 안정적인 공직에 취업해 있는 부류의 샐러리맨들을 지칭하는 말이다. 반대로 예술가나 학자 등은 추구하는 방향이 현실을 뛰어넘으려는 의지가 강하기 때문에 이상주의파라고 말한다.

그러다 보니 현실주의자는 경제적으로 안정된 반면, 이상주의자들은 경제와는 거리가 멀다. 자본주의 체제하에서 현실적인 문제는 경제다. 경제적인 활동을 통해서 이상을 실현하려는 방법을 찾으려고 한다. 혹자는 그걸 속물근성이라고 하지만 경제적 안정 없이는 아무것도 할 수 없는 것이 현대인의 삶이기 때문이다. 따라서 이상과 현실의 갭을 가능한 최소화시키는 것이 오늘을 사는 우리들에게 주어진 과제다.

내가 너무 많이 소유하면 제로섬 게임의 법칙에 따라 누군가가 자기 몫을 잃게 된다. 요즘 재벌그룹과 중소기업 간에 겪고 있는 갈등이나, 가진 자와 가지지 못한 자들 간에 겪는 빈부격차의 갈등이 단적인 예라고 볼 수 있다.

균형적이라는 말은 배분의 법칙이 잘 조화를 이루는 상태를 의미한다. 이 사회의 모든 갈등의 단초는 균형감각의 상실에서 비롯된다. 공정한 배분이 이뤄지지 않는 상태에서는 정의라는 개념은 설 자리가 없다. 여기에 이상과 현실의 조화라는 풀기 힘든 명제가 도마 위에 오른다. 요즘 상호소통의 네트워크인 SNS가 대중적 의사 전달의 중심으로 자리매김하고 있다. 누구든 하고 싶은 말과 자기주장을 내세울 수 있는 사회에 사는 우리들은 현실적인 문제를 수수방관하지 않는다. 그것은 자신들이 기대하는 이상이라는 목표에 현실이 못 미친다는 것을 의미한다. 이처럼 이상과 현실의 차이는 날이 갈수록 그 간격이 넓어지는 느낌이 든다. 기대치가 높아진 인간의 현실적 욕구를 채워줄 만큼 이 사회가 이상적이지 못하다는 증거다. 따라서 우리가 이 갭을 해소시키는 방법은 이상의 단계를 현실에 근접하게 끌어 내리는 수밖에 다른 도리가 없는 것 같다. 어쩌면 이상은 이상으로밖에 존재할 수 없는 해법 불가능의 명제로 남을지도 모른다는 생각이 든다.

| 보통 사람들의 행복 |

06 사색의 여울목

상처받은 영혼을 위하여

우리의 일상적인 삶 가운데
무시로 받게 되는 마음의 상처.
부부나 부자지간이든 친구지간이든
사람마다 각자 생각하는 관점과
나름대로 생활철학이 다르기 때문에
생기는 피하려야 피할 수 없는 일이다.

이러한 경우 즉각 감정적으로 대응하는 부류와
그 순간을 피한 후 상처받은 가슴을 억누르며
스스로 삭여 나가는 부류로 구분할 수 있다.
나의 경우 젊은 시절에는 전자에 해당되었다.
그러나 세월에 부대끼며 살다보니 후자의 처세가
현명한 행동임을 뒤늦게 깨닫게 되었다.

사람과 사람 사이의 부대낌은 어쩔 수 없는
상황을 발생케 한다. 전혀 예상치 못한 일로
마음에 상처받고, 세상을 사람을 증오하게
만든다. 그리고 그 증오는 죽음까지 몰고 간다.
이처럼 무시로 상처받은 우리의 영혼을
치유할 수 있는 것은 뛰어난 머리가 아니라
배려와 용서가 녹아 있는 따뜻한 가슴이다.

| 보통 사람들의 행복 |

06

— 사색의 여울목
—

법정스님

법정스님이 입적하셨다. 세수 79세, 법랍 54세, 1956년 25세 때 입산 출가하신 지 54년 만에 부처님 곁으로 떠나셨다. '이웃에 방해되지 않는 곳에서 승복을 입은 상태로 갈 것이다. 일체의 장례 의식을 행하지 말라. 사리를 찾으려고 하지 말며, 탑도 세우지 마라. 생전에 출간한 모든 출판물을 절간하라. 말빚 다음 생으로 가져가지 않겠다.'고 당부하시고 이승을 하직하셨다.

나는 법정스님이 순천 송광사에 거하실 때 알았다. 책 읽기를 좋아하는 사람치고 법정스님의 선 산문집을 접해보지 않은 사람은 아마 드물 것이다. 밀리언 셀러인 산문집 《무소유》는 많은 사람들의 사랑을 받았다. 앞으로도 영원히 사랑받을 선 산문집이다. 물질문명의 노예가 되어 갈 길 몰라 헤매는 중생들에게 한 가닥 자기성찰의 밝은 빛이 될 잠언집이다.

무소유! 그렇다. 인생이란 빈손으로 왔다가 빈손으로 가는 존재가 아닌가. 우린 그걸 알면서도 많은 것을 소유하려고 집착한다. 인간사에서 일어나는 모든 사건과 갈등은 끝없는 소유의 집착에서 비롯된다. 남의 손안에 있는 떡은 항상 커 보이고, 내 손안에 있는 떡은 작고 초라해 보인다.

절대 빈곤의 문턱을 넘어서면 다들 넉넉하고 만족스런 삶을 누릴 거라고 생각했는데, 오히려 상대적 빈곤감이 주는 박탈감은 인간의 삶을 더 불행하게 만들고 말았다. 물질문명의 발달은 인간의 끝없는 탐욕을 부채질한다. 가진 자와 그렇지 못한 자의 벽은 더욱 높아만 간다. 열리지 않는 계층 간의 단절은 단단한 콘크리트 절벽이 가로막고 있어 소통의 통로마저 없애 버렸다.

법정스님은 열반하셨다. 이승에서 잠시 지니셨던 모든 것을 내려놓으시고 무소유의 영혼만 간직한 채 우리 곁을 떠나셨다. 평소 다른 종교와의 벽까지 허무셨던 법정스님. 우연의 일치인지 모르지만, 스님께서 가까이하셨던 김수환 추기경이 선종하신 지 1주기가 된 해에 열반하신 것도 예사롭지 않다. 세수 79세이면 평균수명의 연장으로 아직 이승을 하직하실 세수가 아니다. 아마 지금쯤 두 분께서 하늘나라에서 조우하셨는지도 모르겠다.

인생을 항상 긍정하시면서 어리석은 중생들에게 향기로운 삶을 갈파하신 스님. 낮춤의 도와 겸손의 예를 본보이면서 검소한 삶을 몸소 실천하신 법정스님. 스님의 그 크신 가르침은 소유의 탐욕으로 찌든 우리들에게 진정한 삶의 의미가 무엇이며, 어떻게 사는 것이 가치 있는 삶을 사는 것인지 그 해답을 제시해 준다. 나무관세음보살.

| 보통 사람들의 행복 |

| 보통 사람들의 행복 |

06

사색의 여울목

삶과 죽음의 간격

생사여일이라.
삶이 죽음이요
죽음이 곧 삶이니
죽었다고 슬퍼할 것 없고
살아 있다고 기뻐할 것 없다.

하늘 아래 살아 있는 것치고
영생하는 것 아무것도 없다.
산은 단지 산일 뿐이고
물은 단지 물일 뿐일지니
조금 일찍 죽고 조금 늦게 죽는 것일 뿐
그 이상도 그 이하도 아니다.

삶과 죽음의 간격은
인간이라는 실체를
볼 수 있느냐 없느냐의
지극히 간단한 차이일 뿐이다.
그것은 피조물이 지닌 숙명이며
피할 수도 피해질 수도 없는 것이다.

잘났다고 뽐낼 것 없고
못났다고 기죽을 것 없다.
세월 가면 흔적 없이 사라질
죽음 앞에 평등한 우리네 인생
무엇이 거짓이고 무엇이 참이던가.
사는 대로 살다가 홀로 떠나는
아침이슬 같은 덧없는 인생 아닌가.

| 보통 사람들의 행복 |

사색의 여울목

남김없이 살아 버려라

베스는 암선고를 받고 죽음을 기다리는 42세의 여인이었다.
미국 뉴욕에서 모델로 활동했으며, 시인이자 철학자였다.
그녀는 2년 동안 암투병생활을 한 후 회생불가 판정을 받고,
자택에서 머물며 죽음만을 기다리는 시한부 인생이었다.
베스는 우리 인간이 삶의 유한함을 기꺼이 받아들이고,
그에 따르는 분노와 의문, 혼란과 고통을 진정으로 이해할 때,
전혀 다른 모습으로 다시 태어날 수 있음을 보여 주었다.

그녀는 죽음을 앞둔 사람으로서 너무나 의연한 자세와 의지로
이런 시를 썼다.

눈부신 햇살 속을 거닐다 보면
살아서 이 모든 걸 느낄 수 있다는 게
참으로 행복합니다.

238 •

미용사와 약속이 있고

의사와도 약속이 있어요.

미용사를 만나면 기분이 좋아지겠죠.

의사를 만나면 어떨지 그건 잘 모르겠군요.

내 삶이 하느님이 주신 선물이라면

내가 원하는 대로 살아도 되는 거겠죠.

어쩌면 죽음이라는 건

뜨거운 태양을 너무 오래도록 바라보다가,

마침내 서늘하고 어두운 방안에 들어섰을 때 느끼는

안도감 같은 것이 아닐까요?

그녀는 진실한 감정의 표출만이 다른 사람으로부터

공감을 얻을 수 있는 거라고 믿었다.

베스는 자신의 글을 읽으며, 똑같은 감정을 느끼는 사람이

바로 자신을 아는 사람들이라고 하였다.

그녀는 죽음을 앞두고서도 몸가짐을 깨끗이 하고,

진정한 사랑에 대한 그녀의 꿈을 가정법으로 이렇게 썼다.

두 팔로 나를 감싸고 힘주어 나를 끌어 안으며 당신은 말합니다.

"당신이 살 날이 많지 않다면

매 순간을 나와 함께 있어 줘.

나는 당신을 사랑하고

당신과 함께 나이 들고 싶지만,

당신이 꼭 떠나야만 한다면
짧은 시간이나마 나와 함께했던
특별한 사람으로 당신을 기억하고 싶어"
그런 사랑을 했다면 얼마나 좋았을까……

죽음을 목전에 두고 자신이 생전에 느껴보지 못했던,
진정한 사랑의 감정을 안타깝게 표현한 것을 보면서,
우리의 삶이 비록 영원하지 못하지만, 죽음에 임하여
의연해질 수 있는 용기를 가질 수 있다는 걸 보여준다.
그녀의 말대로 우리는 자신에게 주어진 삶을,
안녕이라고 말하는 순간까지, 남김없이 활활 태워버리고
후회 없이 떠나는, 그럼 삶을 살아야 하지 않겠는가.

06 사색의 여울목

삶과 죽음의 시간

무심한 하루가 지나갔다.
지금 이 시각은 새날이다.
새날인 오늘과
지나간 어제는
무엇이 다른가?

죽음을 찾아 떠나는
힌두교도들의 성지—바라나시.
거기서 죽음을 기다리고,
그 죽음을 먹고 사는 사람들.
삶과 죽음이 혼재된 땅에서
화장의 검은 연기가 피어오른다.
죽음을 삶과 일체시하는 그곳.
윤회의 연을 끊으려는 기도로
새날이 밝고 또 하루해가 진다.

출생은 축복이 아니라
천형의 가시밭길이건만,
오늘도 나를 알아 달라고
목젖에 힘줄 세우고 악쓴다.
어제가 바로 오늘이고,
내일이 곧 오늘임을
바라나시는 알고 있는데….

윤회의 연을 끊으려는
갠지스강의 하루.
절연을 기구하는
산 자와 죽은 자의
힘겨운 숨소리만,

썩은 강물 위로
유유히 흘러간다.

내가 너 아니듯이,
너 또한 나 아님을
모르는 무지한 인생.
목젖에 힘 빼고,
어깨도 힘 빼고,
눈알에 흰 창 거두고,
목소리 낮추면,
절로 보이는 가야 할 길.
바라나시는 알고 있다.

| 보통 사람들의 행복 |

06

사색의 여울목

늙은 어미의 배웅

그곳은 아담한 뒷동산.
솔내음 가득한 쉼터.
늙은 할미들 옹기종기 모여,
남은 세월 헤아리고 산다.
설 명절 맞아 찾아올
자식 맞으려, 숨겨둔
작은 손거울 꺼낸다.

하얗게 세어
갈퀴진 머리칼.
세월의 무상함을
무시로 느끼며 사는
그리움에 배고픈 당신.
오늘도 목 빼고 기다리지만

오지 않는 당신의 분신들.
짧은 해는 서산에 기울고
기다리다 지친 늙은 어미
열었던 창을 닫는다.

만남은 짧은 순간이고
이별은 길기만 하여라.
두 손 움켜쥔 주름진
당신의 떨리는 손길
떠남의 설움 가슴 저민다.
오늘이 갈 날일지
내일이 갈 날일지
기약 없는 당신의 여생.
가까워진 북망산천이
그림자처럼 어른거린다.

떠나는 자식 더 보고파
창가에 기대 배웅하는
늙은 어미의 눈가엔
외로운 눈물 가득 고였다.
들어가소! 들어가소!
재촉하는 손길 너머로
흐르는 눈물 감추며

잘 가라고 배웅한다.
일락서산 떨어지는
겨울해가 서러운지
붉게 충혈되어 기운다.

| 보통 사람들의 행복 |

06

사색의 여울목

비 오는 날의 랩소디

초여름 비가
소리 없이 곱게 내린다.
연초록 풀잎 위에
맺힐 듯 내린 빗방울
금세 빗물 되어 흐른다.

비가 내리는 날이면
어디론가 훌쩍 떠나고 싶다.
강물 위에 내리는 비
바다 위에 내리는 비는
애틋한 그리움을 부른다.

잠시 잊었던 추억 속의 얼굴들
그립고 보고 싶어 가슴 저민다.
어느 가을에 만난 내 사랑!

안녕하며 홀연히 내 곁을 떠났다.
잊으라는 말 한마디 가슴에 남겨두고.

잊으려고 영영 잊으려고
죽을 힘 다해 악을 썼다.
그래 그래 잊어야지 하며
북받치는 속울음 참고 삼켰다.
이렇게 비 오는 날 바닷가를
혼자 거닐며 그댈 잊으려 했다.

운무가 산허리를 감돌며 흐른다
그리움은 비가 되고 강물이 되어
지난날의 추억으로 남았다.
이제 흐르는 세월 속에 다 묻어두고
그대 행복 빌며 살아야겠지.

| 보통 사람들의 행복 |

06 사색의 여울목

흐린 날 생각나는 것들

어제저녁엔 천둥 번개가 치더니
날이 새니 잔뜩 흐린 날씨다.
금방이라도 큰비가 내릴 것 같다.
비 오는 날은 기분이 좋다.
일상의 온갖 번사로부터 잠시
해방된 듯한 기분을 느낄 수 있다.

그러나 무엇보다도 혼자 있어도
외롭거나 슬프지 않다는 점이다.
소리 없이 내리는 빗속을 우산
받쳐들고 혼자 거닐면 즐겁다.
그리운 추억들이 새록새록
되살아나고 길가에 핀 작은
꽃잎에 맺힌 빗방울이 귀한

보석처럼 영롱하게 빛난다

산다는 게 뭔지 천방지축 허둥대다
비 오는 날 몸과 마음이 함께 휴식을
취하면 살아 있다는 게 고마울 때가 있다.
잠시 잊었던 그리운 얼굴들이 떠오르고
조금은 가슴 아프지만 사랑했던 순간들이
주마등처럼 뇌리를 스쳐 지나간다.
그렇다. 그리움은 즐거움을 낳고
한순간의 아픔은 추억 되어 아름답다.

06 사색의 여울목

가을 단상

가을을 머금은 나뭇잎새의 때깔이 너무 곱다.
노랑, 갈색, 은회색, 분홍색, 빨강색으로
서로 시샘이나 하듯이 현란한 자태를 뽐낸다.
지상 낙하를 앞두고 마지막 화장을 한다

그리고 자신의 몸을 썩혀 땅으로 돌려주고
찬 겨울이 지나고 따스한 봄날이 오면
예쁜 잎새를 새로 움틔우며 우리들을 반긴다.
끊임없는 죽음과 탄생은 쉼 없이 반복된다.

우리 인간의 삶도 비록 육신은 썩어서
진토가 될지언정, 영혼은 부활의 반복을
계속한다고 신앙을 가진 자들은 굳게 믿는다.
그러나 자연이 겪는 생명유지의 순리와는 달리
인간이 겪는 삶과 죽음의 해석은 정답이 없다.

우리 스스로 쳐놓은 운명이라는 굴레에 자신의
의지와는 상관없이 고달픈 삶의 허무한 종말을 고한다.
자신의 기대와는 전혀 관계없이 어느 날
문득 죽음이라는 이름으로 불쑥 다가온다.
생명 있는 인간의 피할 수 없는 숙명이기에
어느 누구도 도저히 피해 갈 방법이 없다.

조석으로 부는 찬바람이 가슴을 파고든다.
한잎 두잎 떨어지는 낙엽을 무심히 바라보며
내 삶의 지난날을 반추해 보니 참으로 허망하다.
한갓 광대줄타기에 불과한 허무 그 자체일 뿐이다.
서글픈 가을이 쏜살같이 달려가며 손을 흔든다.
안녕 그대여! 또 다른 내년을 기다려보라고 하면서….

06 사색의 여울목

가을비 내리는 거리

얼마 만인가.

가을을 재촉하는 찬비가

자박자박 내린다.

참 반가운 비다.

비를 잔뜩 머금은 단풍 든

낙엽이 선명한 색깔을 내비친다.

우산을 받치기가 아쉽다.

그저 가을비 흠뻑 맞으며

거리를 거닐고 싶다.

강의를 끝내고 비 내리는 거리를

자동차로 드라이브한다.

로드리고의 아랑후에즈 협주곡이

차 안 가득히 넘쳐흐른다.

마음이 심란해진다.
어디론가 끝없이 내달리고 싶다.
오라는 곳이 없어도 좋다.
외딴 곳 한적한 카페에서
김이 모락모락 피어오르는
향기 짙은 커피 한잔 마시며
계절을 쓸어가는 빗소릴 듣고 싶다.

외롭다는 것 혼자라는 것
이제 나의 일상이 되어 버렸다
어쭙잖은 만남이 남긴 생채기에
나를 더 이상 할퀴기가 싫다.
떠나면 떠나는 대로 가면 가는 대로
각자 제 갈 길을 갈 뿐이니까

이 세상에 영원한 것 없듯이
만남과 헤어짐도 다 그런 것
사랑하면서도 헤어지고
미워하면서도 헤어진다.
이별이 있기에 새로운 만남이 있다.
그래 혼자면 어떻고 둘이면 어떤가
어차피 혼자일 수밖에 없는 인간적 숙명
그걸 누가 뛰어넘을 수 있겠는가.

| 보통 사람들의 행복 |

06

― 사색의 여울목 ―

11월을 보내면서

오늘이 11월을 보내는 마지막 날.
가을이 작별을 고하는 날이기도 하다.
세월은 바람처럼 속절없이 흘러가는데
내 한 몸 편히 쉴 마음의 고향 어디에도 없다.

삶이 죽음이요, 죽음이 곧 삶이라고,
부처님도 예수님도 역설하셨지만,
육신을 떠난 영혼은 천길 구천에서
갈 곳 몰라 정처 없이 떠돌 뿐이다.

이승에서 맺어진 모든 인연들.
사랑도 미움도 부질없는 생의 족쇄일 뿐.
내 한 몸 떠난다면 티끌처럼 사라질 것.
무엇이 참이고 무엇이 거짓인지,
알아 무엇하고 몰라 어떠하리.

모름을 알 자 없고 앎을 알 자 없는,
이 혼돈의 삶에서 진리는 헛구역질한다.
오늘이 어제의 연장이 아니고,
미래가 오늘을 과거랄 수 없는 단절의 시대.

삶의 겉과 속을 뒤집어 보면 존귀와 비천도
오십 보 백 보인 것을 그 누가 알리요마는,
내 것이 영원히 내 것이라는 착각의 미망에서
한 치도 벗어나지 못하는 게 인간적 한계 아닌가.

떠나는 계절 붙잡지 말고 오는 계절 박대 말지니.
가는 사랑 붙잡지 말고 오는 사랑 거절하지 말자.
11월을 보내는 아쉬움 속에 또 한 해가 저물어 간다.

| 보통 사람들의 행복 |

06

사색의 여울목

폭설 단상

눈이 내리네
오늘 밤 그대는 오지 않겠지요.
나의 마음은
검은 옷을 입고 있어요.

이 비단 같은 행렬
모든 것은 하얀 눈물 속
나뭇가지 위의 새는
절망하듯 울부짖고 있어요.

그대는 오늘 밤 오지 않으리라고
절망은 나에게 외치고 있어요.
아직도 눈이 내리네요.
저렇게 태연스럽게

눈이 내리고 있어요.

오늘 밤 그대는 오지 않겠지요.

모든 것은 절망의 순백색

슬픈 확신 그리고 추위와 공허

이 가증스런 침묵

새하얀 고독

그대는 오늘 밤 오지 않겠지요.

그대는 오늘 밤 오지 않으리라고

절망은 나에게 외치고 있어요

아직도 눈이 내려요.

저렇게 태연스럽게

프랑스의 샹송가수 살바도르 아다모가 작사·작곡하고 자신이 부른 노래다. 오늘처럼 흰 눈이 펑펑 쏟아지는 날, 아다모의 애절한 목소리로 이 노래를 듣고 있으면 자신도 모르게 가슴에 맺힌 슬픔이 물밀듯이 밀려온다.

근래 보기 드물게 남녘 땅에 큰 눈이 내리고 있다. 아마 성년이 된 후 이렇게 하루 종일 눈발을 받아 보긴 처음인 것 같다. 왠지 어제저녁엔 잠을 이룰 수가 없었다. 바깥에서 이렇게 큰 눈이 내리는 줄도 모르고 잠을 청했으니 나도 좀 멍청해진 건 아닌지 모르겠다.

늦게 잠을 깨어 발코니에 나와 보니 눈꽃송이가 가는 바람을 타고 솔솔 휘날리고 있지 않는가. 나도 모르게 아다모의 CD앨범을 찾아 〈눈이 내리네〉를 연거푸 듣고 나니 들뜬 마음이 가라앉는다. 그러나 마음 한구석 밀물처럼 스며드는 공허감을 감출 수 없다.

| 보통 사람들의 행복 |

258 •

안되겠다 싶어 옷을 주섬주섬 챙겨 입고 거리로 나서 본다. 하얀 눈을 흠뻑 뒤집어쓴 가로수와 건물들이 설국을 연상케 한다.

문득 눈사람을 만들며 무명저고리 사이로 스며드는 한기조차 잊고 눈밭에 뒹굴었던 어린 시절이 떠오른다. 유난히 추웠던 겨울. 그 시절엔 눈 오는 날이 강아지처럼 좋았다. 동무들과 눈싸움을 하며 새하얀 눈을 한입 베어 먹는 재미는 잊을 수 없다. 먹을 것이 귀했던 시절. 청정한 눈으로 아이스크림을 만들어 먹는 재미 또한 빼놓을 수 없다. 흰눈을 한 줌 대통에 넣고 나무젓가락을 가운데 끼운 후 사카린 몇 톨 집어넣으면 그게 바로 천연 아이스크림이었다.

지금도 계속 눈이 내리고 있다. 꼼짝 없이 갇힌 신세가 되었지만 왠지 마음이 자꾸 설렌다. 누군가 창문을 두드리며 "계셔요!" 할 것만 같다. 흰 눈이 바람을 못 이겨 소용돌이 친다. 아스팔트 바닥에 떨어진 눈은 자동차 바퀴에 쓸려 길 가장자리로 밀려나거나 녹아 버린다.

오늘 밤 날씨가 추워지면 눈 녹은 길은 빙판길로 변하겠지만 내가 탈 썰매는 없다. 그래 그때 그 시절의 눈 오는 날 풍경은 아닐지 모른다. 오염된 눈이니까. 아무렴 어떤가. 눈은 눈이니까. 대신 아다모의 〈눈이 내리네〉를 귀가 시리도록 들으면서 긴 밤을 하얗게 지새워 보자. 누군가를 한없이 그리워하면서⋯ .

| 보통 사람들의 행복 |

06

사색의 여울목

마지막 강의

시한부 인생을 선고받은 40대 미국 교수의 《마지막 강의》가
500만 미국인들을 울려서 화제다.
그는 미국 카네기 멜런대의 컴퓨터 공학교수인
'랜디 포시'로 올해 47세이다.

그는 지금 췌장암에 걸려 의사로부터 삶이 몇 개월밖에
남지 않았다는 시한부 판정을 받고 학생과 청중들에게
'마지막 강의'를 하였다고 한다.
그의 강의 내용은 전공분야가 아닌 인생 이야기였는데,
사람의 심금을 울린 명강의였다고 한다.

그는 "어떤 성취든 이루는 과정에서 벽에 부딪치지만
벽이 있는 이유가 있으며, 그 벽은 우리가 무언가를
얼마나 절실히 원하는지를 시험하는 기회"라고 하였다.

260

그는 또한 "아무리 어려운 일일지라도 절대 포기하지 말 것이며,
가장 좋은 금은 쓰레기 밑바닥에 있고, 당신이 뭔가를 잘못했다면
솔직히 사과하라"고 하였다.

그리고 "항상 범사에 감사하는 마음을 보여주고, 준비하는 삶을
살다 보면 행운의 기회를 만나게 된다"고 하였다.
그는 "어떻게 자신의 삶을 이끌어 가야 하는지를 이야기하고 싶었으며,
사랑하는 세 아이 딜런(5세), 로건(2세), 클로에(1세)를 위한
'마지막 강의'였다"고 하였다.

47세라는 인생의 정점에서 만난 죽음이라는 악령.
병마와 싸우면서 토해낸 그의 열강에 감동한 청중들은
강의가 끝나자 눈물을 훔치면서 기립박수로 응답하였다고 한다.

우리는 인간으로 태어났기 때문에 언젠가 이 세상을 떠나야 할 존재이다.
죽음이라는 숙명을 뛰어넘어 영생을 얻을 자는 아무도 없다.
단지 시간 재기에 불과한 생명선의 길이 차이일 뿐,
조금 먼저 가고 늦게 가는 것에 불과하다.

생명이 숨 쉬는 동안 인생을 즐기고 사랑하며, 자신이 지닌 잠재력을
최대한 발휘하는 가운데, 늘 주어진 삶에 감사하고, 잘못한 일에 사과하고,
다가올 행운의 기회를 만나기 위해 준비하는 삶을 살아야겠다.
마지막 눈을 감을 때 후회 없는 삶을 살았다고 자위하며 떠날 수 있게….

| 보통 사람들의 행복 |

보통 사람들의 행복

263

이 도서의 국립중앙도서관 출판예정도서목록(CIP)은 서지정보유통지원시스템 홈페이지(http://seoji.nl.go.kr)와 국가자료공동목록시스템(http://www.nl.go.kr/kolisnet)에서 이용하실 수 있습니다.(CIP제어번호: CIP2018011836)

보통 사람들의 행복
행복 전도사 정영애 수상록

펴낸날	2018년 5월 2일
지은이	정 영 애
펴낸이	오 하 룡
펴낸곳	도서출판 경남
주소	창원시 마산합포구 몽고정길 2-1
연락처	(055)245-8818~8819
블로그	gnbook.tistory.com
이메일	gnbook@empas.com
등록	제567-1호(1985. 5. 6.)
편집팀	오태민	심경애	구도희

ISBN 979-11-87958-77-2-03810

＊잘못된 책은 바꿔 드립니다.
＊저자와 협의 인지 생략합니다.

〔값 15,000원〕